Impressum
Verlag: BABADADA GmbH, Nedderfeld 112 , 22529 Hamburg
Geschäftsführer / Verlagsleitung: Harald Hof
Druck: Books on Demand GmbH, In de Tarpen 42, 22848 Norderstedt

Imprint
Publisher: BABADADA GmbH, Nedderfeld 112 , 22529 Hamburg, Germany
Managing Director / Publishing direction: Harald Hof
Print: Books on Demand GmbH, In de Tarpen 42, 22848 Norderstedt, Germany

Schule

Szkoła

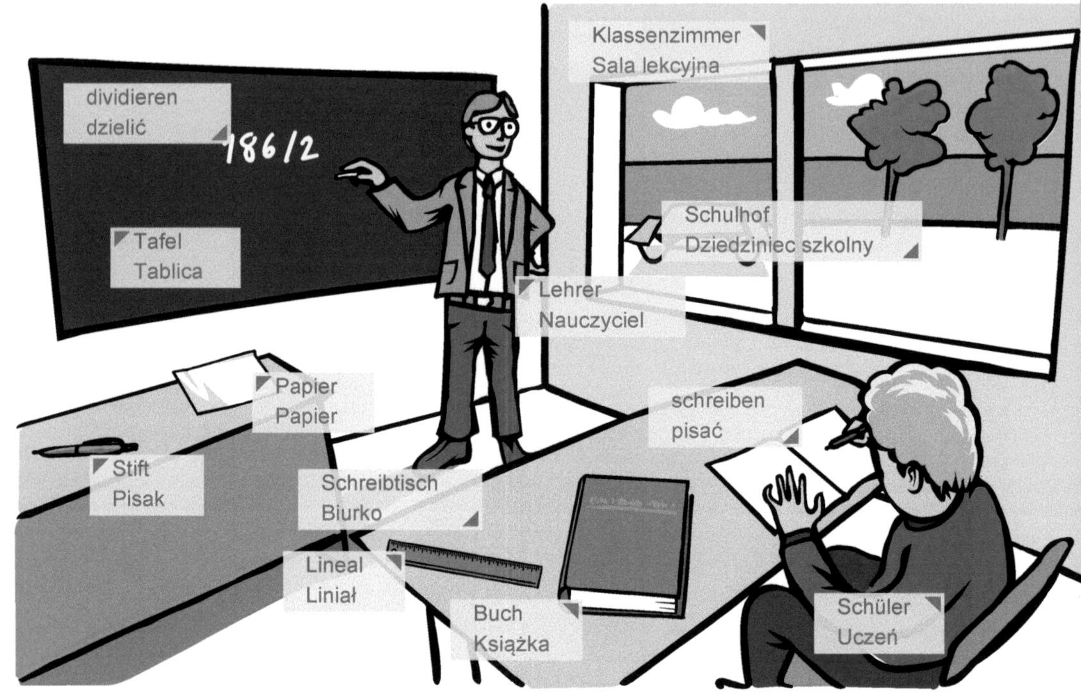

Klassenzimmer
Sala lekcyjna
dividieren
dzielić
186/2
Tafel
Tablica
Schulhof
Dziedziniec szkolny
Lehrer
Nauczyciel
Papier
Papier
schreiben
pisać
Stift
Pisak
Schreibtisch
Biurko
Lineal
Liniał
Buch
Książka
Schüler
Uczeń

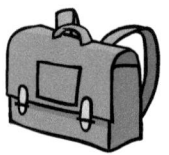

Ranzen

Plecak szkolny

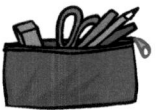

Federmappe

Piórnik

Bleistift

Ołówek

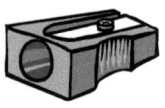

Bleistiftanspitzer

Temperówka

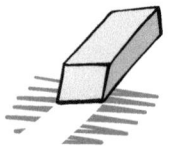

Radiergummi

Gumka do mazania

Zeichenblock

Blok rysunkowy

Zeichnung

Rysunek

Pinsel

Pędzel

Malkasten

Pudełko z akwarelami

Schere

Nożyce

Klebstoff

Klej

Übungsheft

Książka do ćwiczenia

Hausaufgabe

Zadanie domowe

Zahl

Liczba

addieren

dodawać

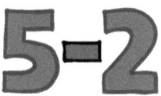

subtrahieren

odejmować

multiplizieren

mnożyć

rechnen

liczyć

Buchstabe

Litera

Alphabet

Alfabet

hello

Wort

Słowo

Text
Tekst

lesen
czytać

Kreide
Kreda

Stunde
Godzina

Klassenbuch
Dziennik lekcyjny

Prüfung
Egzamin

Zeugnis
Świadectwo

Schuluniform
Mundurek szkolny

Ausbildung
Wykształcenie

Lexikon
Leksykon

Universität
Uniwersytet

Mikroskop
Mikroskop

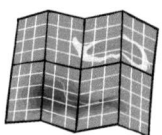

Karte
Mapa

Papierkorb
Kosz na odpadki

Reise

Podróż

Hotel
Hotel
Grand
Herberge
Schronisko
ROOMS
Wechselstube
Kantor wymiany walut
Koffer
Walizka
Auto
Auto

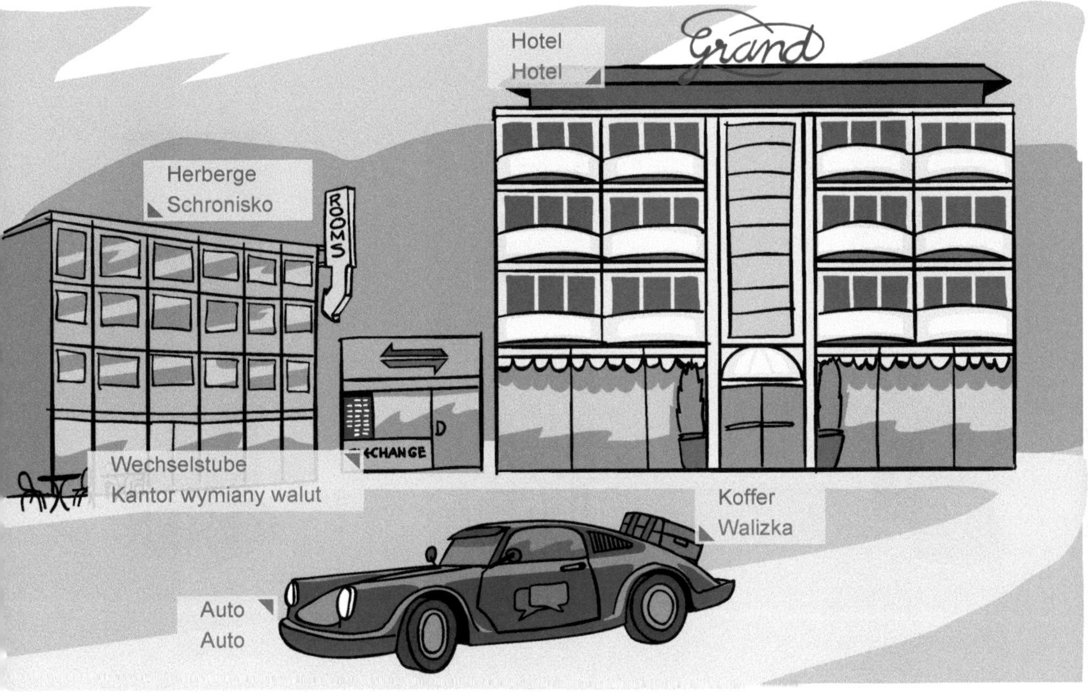

Sprache
Język

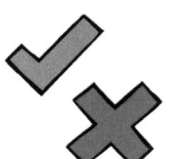

ja / nein
tak / nie

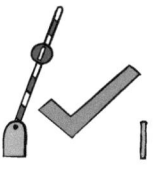

Okay
OK

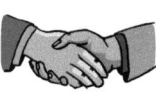

Hallo
Halo

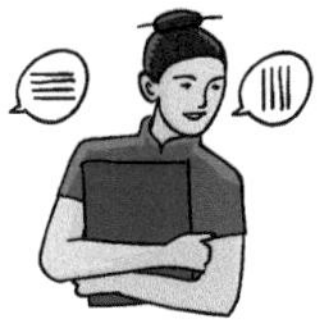

Übersetzer
Tłumacz

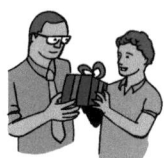

Danke
Dziękuję

Was kostet...?

Ile kosztuje ...?

Ich verstehe nicht

Nie rozumiem

Problem

Problem

Guten Abend!

Dobry wieczór!

Guten Morgen!

Dzień dobry!

Gute Nacht!

Dobranoc!

Auf Wiedersehen

Do widzenia

Richtung

Kierunek

Gepäck

Bagaż

Tasche

Torba

Rucksack

Plecak

Gast

Gość

Zimmer

Pokój

Schlafsack

Śpiwór

Zelt

Namiot

Touristeninformation

Informacja turystyczna

Strand

Plaża

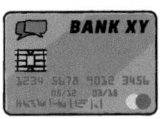

Kreditkarte

Karta kredytowa

Frühstück

Śniadanie

Mittagessen

Obiad

Abendessen

Kolacja

Fahrkarte

Bilet

Fahrstuhl

Winda

Briefmarke

Znaczek na list

Grenze

Granica

Zoll

Cło

Botschaft

Ambasada

Visum

Wiza

Pass

Paszport

Transport
Transport

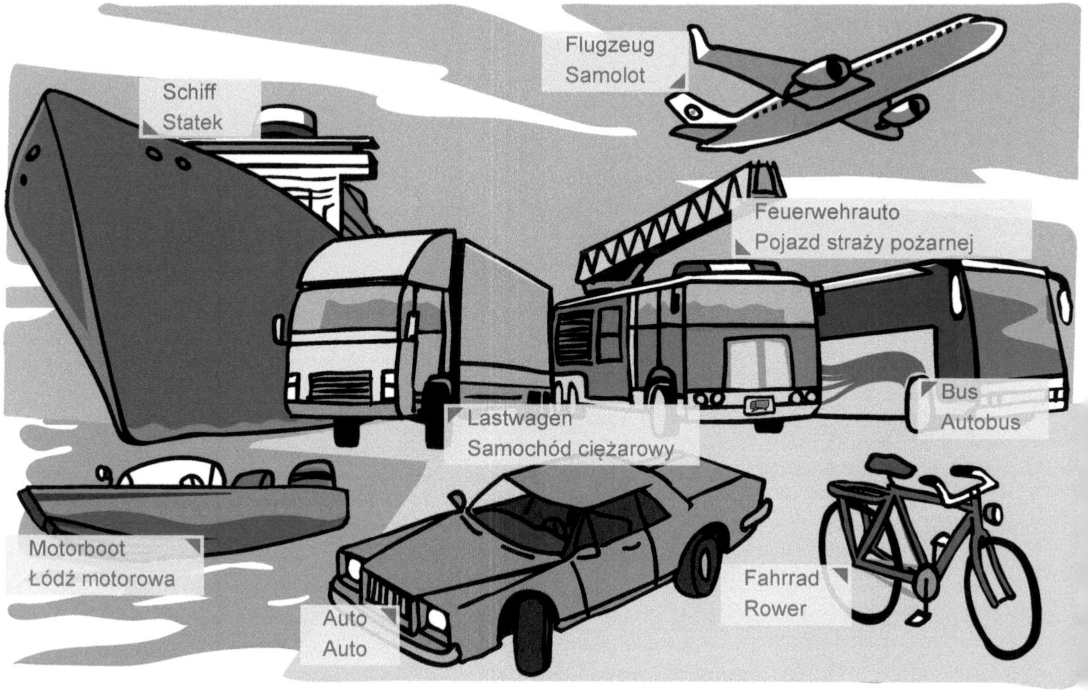
Flugzeug
Samolot
Schiff
Statek
Feuerwehrauto
Pojazd straży pożarnej
Bus
Autobus
Lastwagen
Samochód ciężarowy
Motorboot
Łódź motorowa
Fahrrad
Rower
Auto
Auto

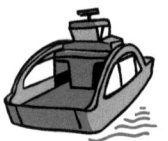

Fähre

Prom

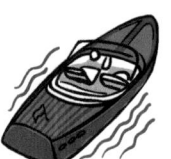

Boot

Łódź

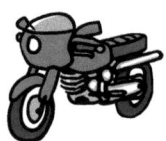

Motorrad

Motocykl

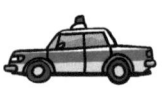

Polizeiauto

Radiowóz policyjny

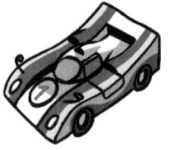

Rennauto

Samochód wyścigowy

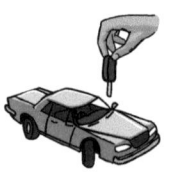

Mietwagen

Samochód wypożyczony

Carsharing

Wspólne przejazdy
samochodem

Abschleppwagen

Samochód pomocy
drogowej

Müllauto

Śmieciarka

Motor

Silnik

Kraftstoff

Benzyna

Tankstelle

Stacja benzynowa

Verkehrsschild

Znak drogowy

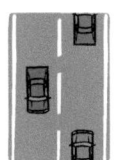

Verkehr

Ruch

Stau

Korek

Parkplatz

Parking

Bahnhof

Dworzec

Schienen

Szyny

Zug

Pociąg

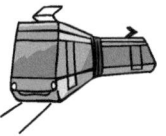

Straßenbahn

Tramwaj

Wagon

Wagon

Helikopter

Helikopter

Flughafen

Lotnisko

Tower

Wieża

Passagier

Pasażer

Container

Kontener

Karton

Karton

Karren

Taczka

Korb

Kosz

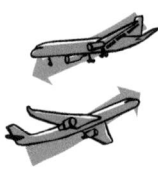

starten / landen

startować / lądować

Stadt

Miasto

Dorf

Wieś

Stadtzentrum

Centrum miasta

Haus

Dom

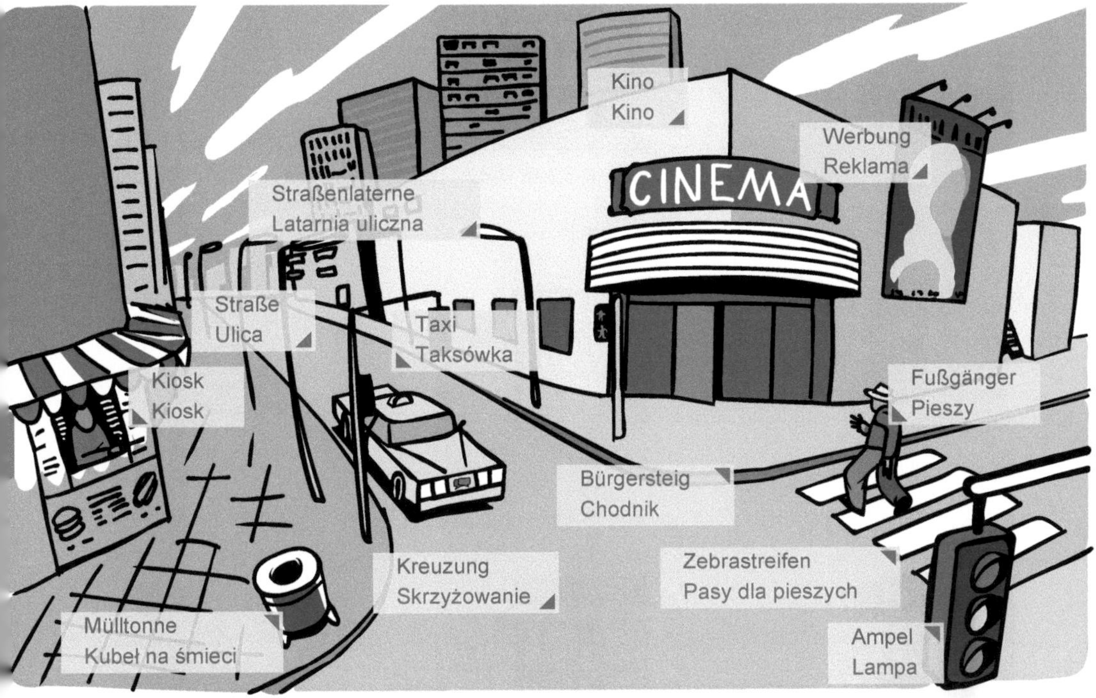

Kino / Kino

Werbung / Reklama

Straßenlaterne / Latarnia uliczna

Straße / Ulica

Taxi / Taksówka

Kiosk / Kiosk

Fußgänger / Pieszy

Bürgersteig / Chodnik

Kreuzung / Skrzyżowanie

Zebrastreifen / Pasy dla pieszych

Mülltonne / Kubeł na śmieci

Ampel / Lampa

CINEMA

Hütte
....
Chata

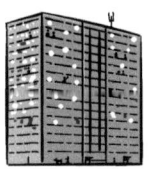

Wohnung
....
Mieszkanie

Bahnhof
....
Dworzec

Rathaus
....
Ratusz

Museum
....
Muzeum

Schule
....
Szkoła

Universität

Uniwersytet

Bank

Bank

Krankenhaus

Szpital

Hotel

Hotel

Apotheke

Apteka

Büro

Biuro

Buchhandlung

Księgarnia

Geschäft

Sklep

Blumenladen

Kwiaciarnia

Supermarkt

Supermarket

Markt

Rynek

Kaufhaus

Dom towarowy

Fischhändler

Sklep z rybami

Einkaufszentrum

Centrum handlowe

Hafen

Port

Park

Park

Bank

Ławka

Brücke

Most

Treppe

Schody

U-Bahn

Metro

Tunnel

Tunel

Bushaltestelle

Przystanek autobusowy

Bar

Bar

Restaurant

Restauracja

Briefkasten

Skrzynka na listy

Straßenschild

Tabliczka z nazwą ulicy

Parkuhr

Parkometr

Zoo

Zoo

Badeanstalt

Łaźnia

Moschee

Meczet

Bauernhof
Gospodarstwo chłopskie

Umweltverschmutzung
Zanieczyszczenie
środowiska

Friedhof
Cmentarz

Kirche
Kościół

Spielplatz
Plac zabaw

Tempel
Świątynia

Landschaft

Krajobraz

Blatt
Liść

Wegweiser
Drogowskaz

Weg
Droga

Wiese
Łąka

Stein
Kamień

Baum
Drzewo

Wanderer
Wędrowiec

Fluss
Rzeka

Gras
Trawa

Blume
Kwiat

Tal
....
Dolina

Berg
....
Góra

See
....
Jezioro

Wald
....
Las

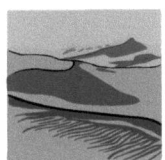

Wüste
....
Pustynia

Vulkan
....
Wulkan

Schloss
....
Zamek

Regenbogen
....
Tęcza

Pilz
....
Grzyb

Palme
....
Palma

Moskito
....
Komar

Fliege
....
Mucha

Ameise
....
Mrówka

Biene
....
Pszczoła

Spinne
....
Pająk

Käfer

Chrząszcz

Frosch

Żaba

Eichhörnchen

Wiewiórka

Igel

Jeż

Hase

Zając

Eule

Sowa

Vogel

Ptak

Schwan

Łabędź

Wildschwein

Dzik

Hirsch

Jeleń

Elch

Łoś

Staudamm

Tama

Windrad

Wiatrak

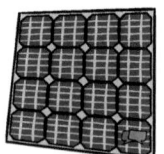

Solarmodul

Moduł solarny

Klima

Klimat

Restaurant
Restauracja

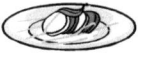

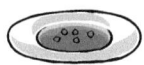

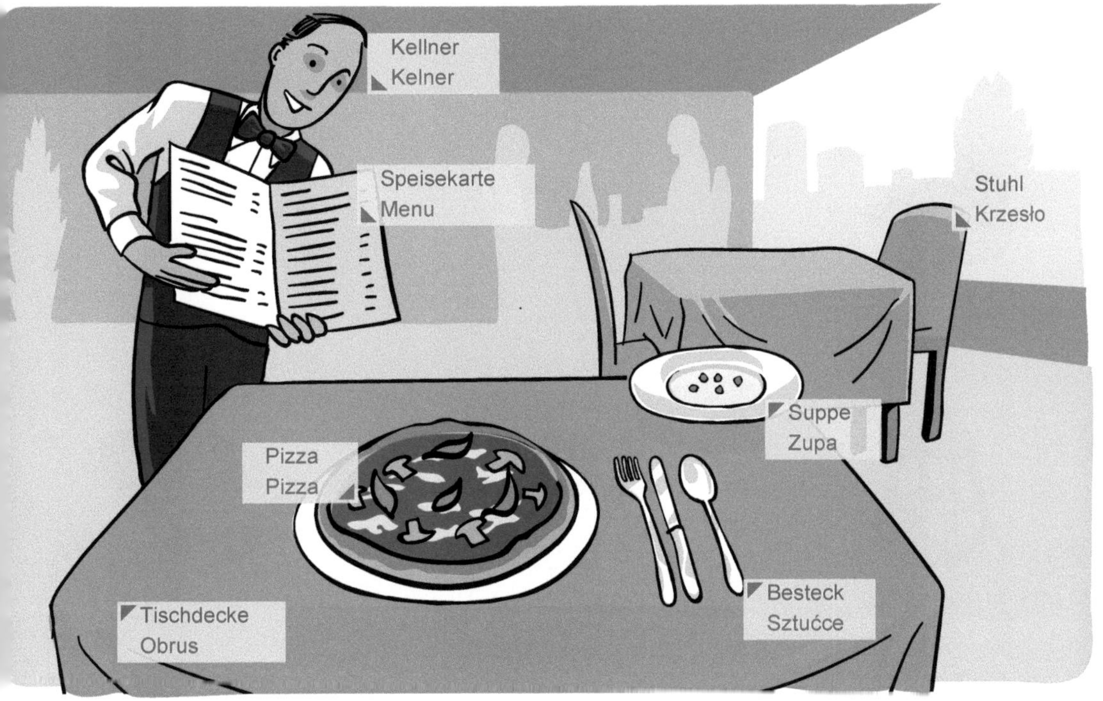

Kellner
Kelner
Speisekarte
Menu
Stuhl
Krzesło
Suppe
Zupa
Pizza
Pizza
Besteck
Sztućce
Tischdecke
Obrus

Vorspeise

Przystawka

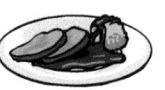

Hauptgericht

Danie główne

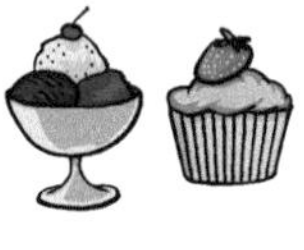

Nachspeise

Deser

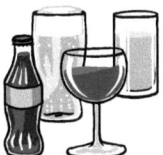

Getränke

Napoje

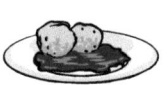

Essen

Jedzenie

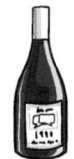

Flasche

Butelka

Fastfood

Fastfood

Streetfood

Streetfood

Teekanne

Dzbanek na herbatę

Zuckerdose

Cukierniczka

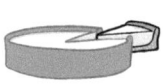

Portion

Porcja

Espressomaschine

Zaparzarka do espresso

Hochstuhl

Krzesło dla dziecka

Rechnung

Rachunek

Tablett

Taca

Messer

Nóż

Gabel

Widelec

Löffel

Łyżka

Teelöffel

Łyżeczka

Serviette

Serwetka

Glas

Szklanka

Teller

Talerz

Suppenteller

Talerz do zupy

Untertasse

Podstawek pod filiżankę

Sauce

Sos

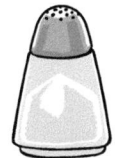

Salzstreuer

Solniczka

Pfeffermühle

Młynek do pieprzu

Essig

Ocet

Öl

Olej

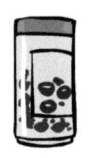

Gewürze

Przyprawy

Ketchup

Keczup

Senf

Musztarda

Mayonnaise

Majonez

Supermarkt
Supermarket

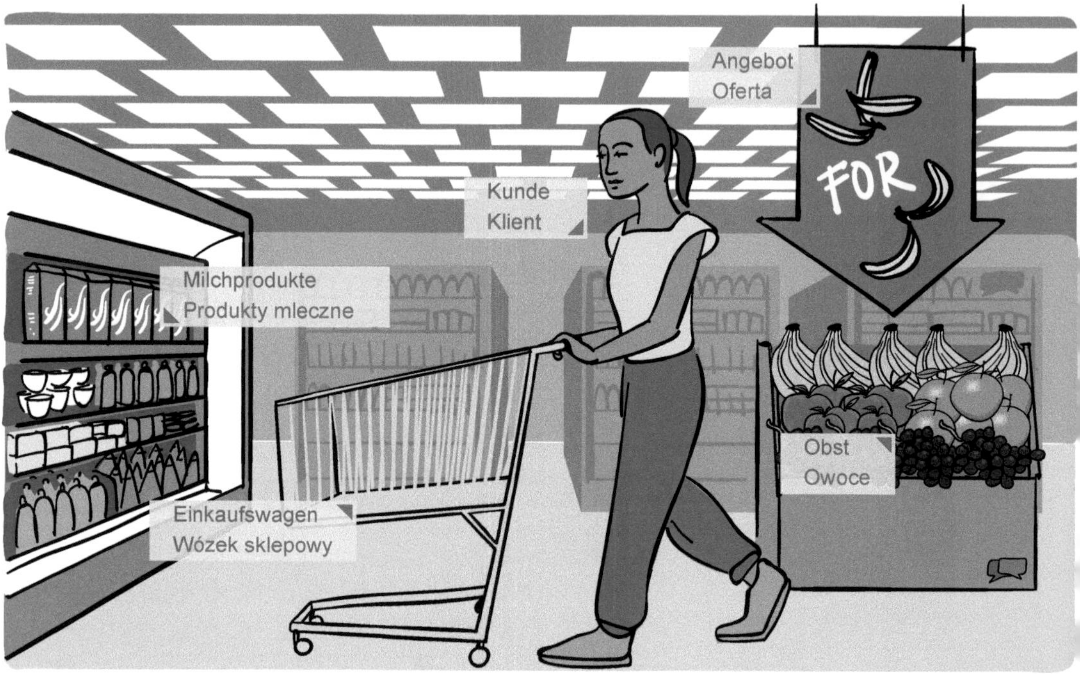

Angebot
Oferta
Kunde
Klient
Milchprodukte
Produkty mleczne
Obst
Owoce
Einkaufswagen
Wózek sklepowy
FOR

BUTCHERS

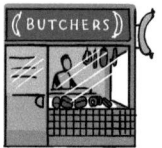

Schlachterei

Rzeźnia

BAKERY

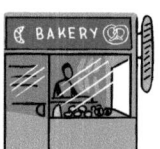

Bäckerei

Piekarnia

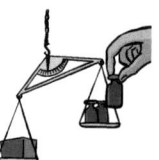

wiegen

ważyć

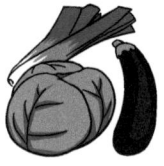

Gemüse

Warzywa

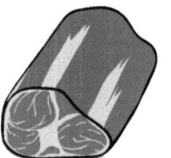

Fleisch

Mięso

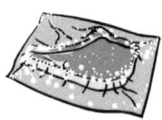

Tiefkühlkost

Mrożonki

Aufschnitt

Wędliny

Konserven

Konserwy

Waschmittel

Proszek m do prania

Süßigkeiten

Słodycze

Haushaltsartikel

Artykuły użytku domowego

Reinigungsmittel

Środek czyszczący

Verkäuferin

Sprzedawczyni

Kasse

Kasa

Kassierer

Kasjer

Einkaufsliste

Lista zakupów

Öffnungszeiten

Godziny otwarcia

Brieftasche

Portfel

Kreditkarte

Karta kredytowa

Tasche

Torba

Plastiktüte

Torebka plastikowa

Wasser

Woda

Saft

Sok

Milch

Mleko

Cola

Cola

Wein

Wino

Bier

Piwo

Alkohol

Alkohol

Kakao

Kakao

Tee

Herbata

Kaffee

Kawa

Espresso

Espresso

Cappuccino

Cappuccino

Banane

Banan

Apfel

Jabłko

Orange

Pomarańcza

Melone

Arbuz

Zitrone

Cytryna

Karotte

Marchew

Knoblauch

Czosnek

Bambus

Bambus

Zwiebel

Cebula

Pilz

Grzyb

Nüsse

Orzechy

Nudeln

Makaron

Spaghetti

Spaghetti

Reis

Ryż

Salat

Sałatka

Pommes frites

Frytki

Bratkartoffeln

Ziemniaki pieczone

Pizza

Pizza

Hamburger

Hamburger

Sandwich

Kanapka

Schnitzel

Sznycel

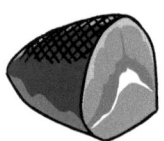

Schinken

Szynka

Salami

Salami

Wurst

Kiełbasa

Huhn

Kura

Braten

Pieczeń

Fisch

Ryba

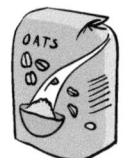

Haferflocken

Płatki owsiane

Müsli

Musli

Cornflakes

Płatki kukurydziane

Mehl

Mąka

Croissant

Croissant

Brötchen

Bułka

Brot

Chleb

Toast

Toast

Kekse

Ciastka

Butter

Masło

Quark

Twarożek

Kuchen

Ciasto

Ei

Jajko

Spiegelei

Jajko sadzone

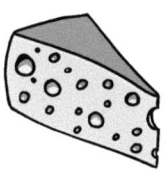

Käse

Ser

Eiscreme

Lody

Zucker

Cukier

Honig

Miód

Marmelade

Marmolada

Nougat-Creme

Krem nugatowy

Curry

Curry

Bauernhof

Gospodarstwo chłopskie

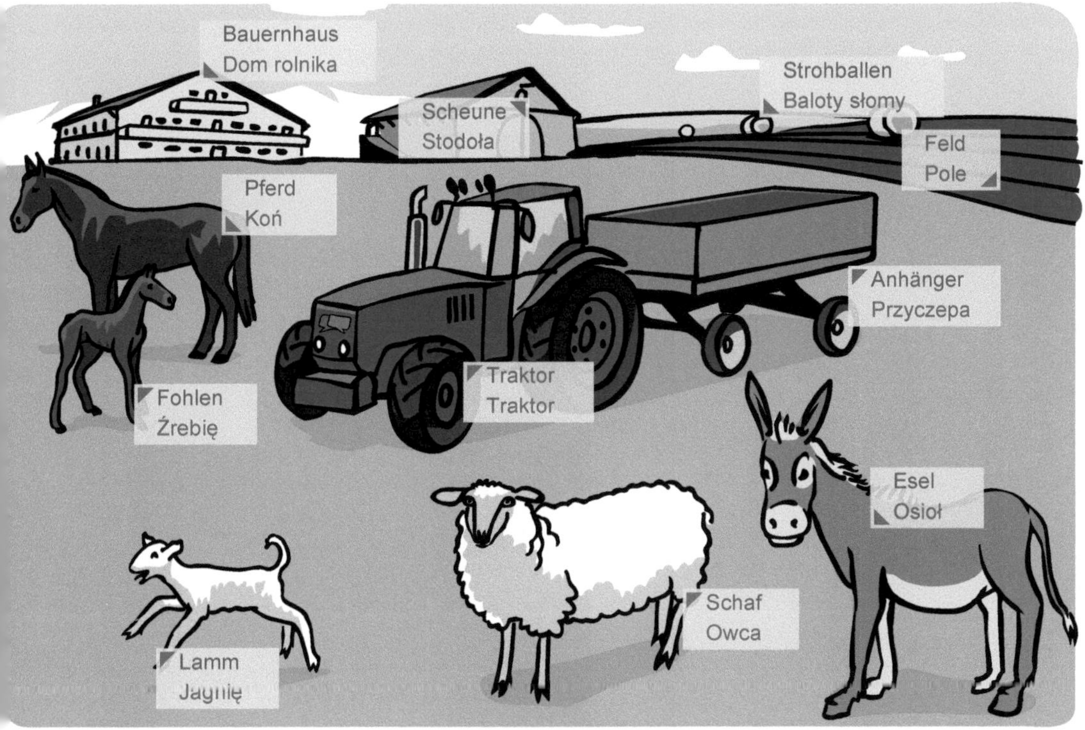

Bauernhaus
Dom rolnika
Scheune
Stodoła
Strohballen
Baloty słomy
Feld
Pole
Pferd
Koń
Anhänger
Przyczepa
Traktor
Traktor
Fohlen
Źrebię
Esel
Osioł
Schaf
Owca
Lamm
Jagnię

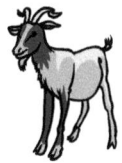

Ziege

Koza

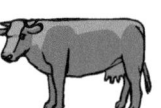

Kuh

Krowa

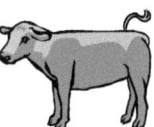

Kalb

Cielę

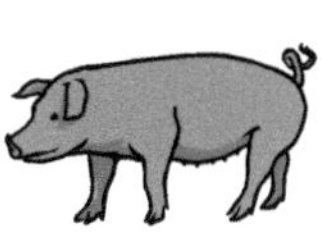

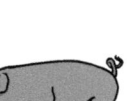

Schwein

Świnia

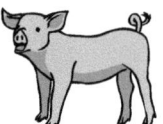

Ferkel

Prosię

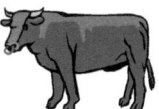

Bulle

Byk

Gans

Gęś

Ente

Kaczka

Küken

Kurczątko

Huhn

Kura

Hahn

Kogut

Ratte

Szczur

Katze

Kot

Maus

Mysz

Ochse

Osioł

Hund

Pies

Hundehütte

Buda dla psa

Gartenschlauch

Wąż ogrodowy

Gießkanne

Konewka

Sense

Kosa

Pflug

Pług

Sichel

Sierp

Hacke

Graca

Mistgabel

Widły

Axt

Siekiera

Schubkarre

Taczka

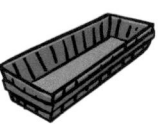

Trog

Koryto

Milchkanne

Kanka na mleko

Sack

Worek

Zaun

Płot

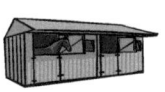

Stall

Stajnia

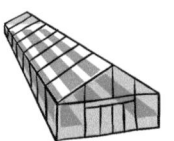

Treibhaus

Szklarnia

Boden

Ziemia

Saat

Nasiona

Dünger

Nawóz

Mähdrescher

Kombajn zbożowy

ernten

zbierać

Ernte

Żniwa

Yamswurzel

Podchrzyn

Weizen

Pszenica

Soja

Soja

Kartoffel

Ziemniak

Mais

Kukurydza

Raps

Rzepak

Obstbaum

Drzewo owocowe

Maniok

Maniok

Getreide

Zboże

Haus
Dom

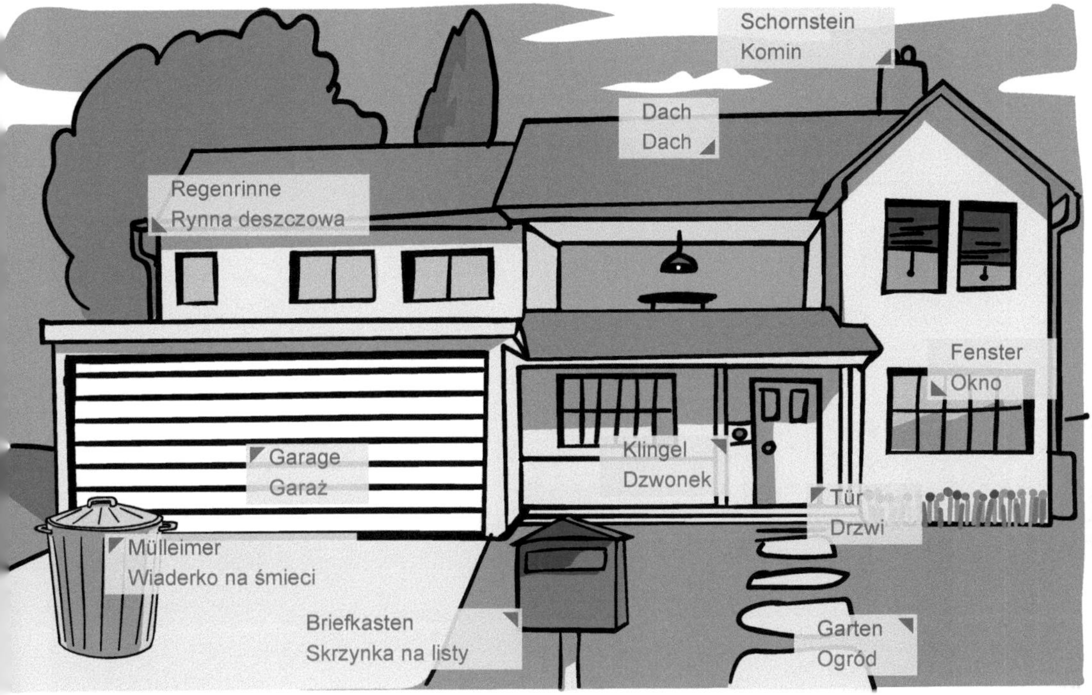
Schornstein
Komin
Dach
Dach
Regenrinne
Rynna deszczowa
Fenster
Okno
Klingel
Dzwonek
Garage
Garaż
Tür
Drzwi
Mülleimer
Wiaderko na śmieci
Briefkasten
Skrzynka na listy
Garten
Ogród

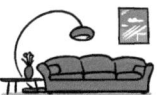

Wohnzimmer

Pokój dzienny

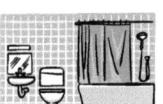

Badezimmer

Łazienka

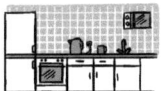

Küche

Kuchnia

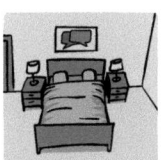

Schlafzimmer

Sypialnia

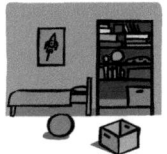

Kinderzimmer

Pokój dziecięcy

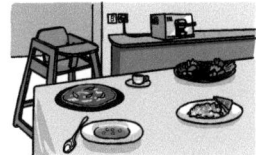

Esszimmer

Jadalnia

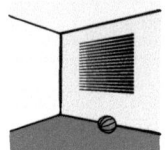

Boden

Ziemia

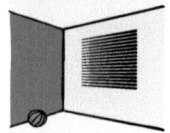

Wand

Ściana

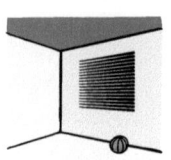

Decke

Koc

Keller

Piwnica

Sauna

Sauna

Balkon

Balkon

Terrasse

Taras

Schwimmbad

Basen

Rasenmäher

Kosiarka do trawy

Bettbezug

Poszwa

Bettdecke

Kołdra

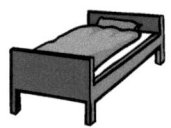

Bett

Łóżko

Besen

Miotła

Eimer

Wiadro

Schalter

Włącznik

Wohnzimmer
Pokój dzienny

Tapete
Tapeta
Bild
Obraz
Lampe
Lampa
Regal
Regał
Schrank
Szafa
Kamin
Komin
Fernseher
Telewizor
Blume
Kwiat
Kissen
Poduszka
Sofa
Kanapa
Vase
Wazon
Fernbedienung
Pilot

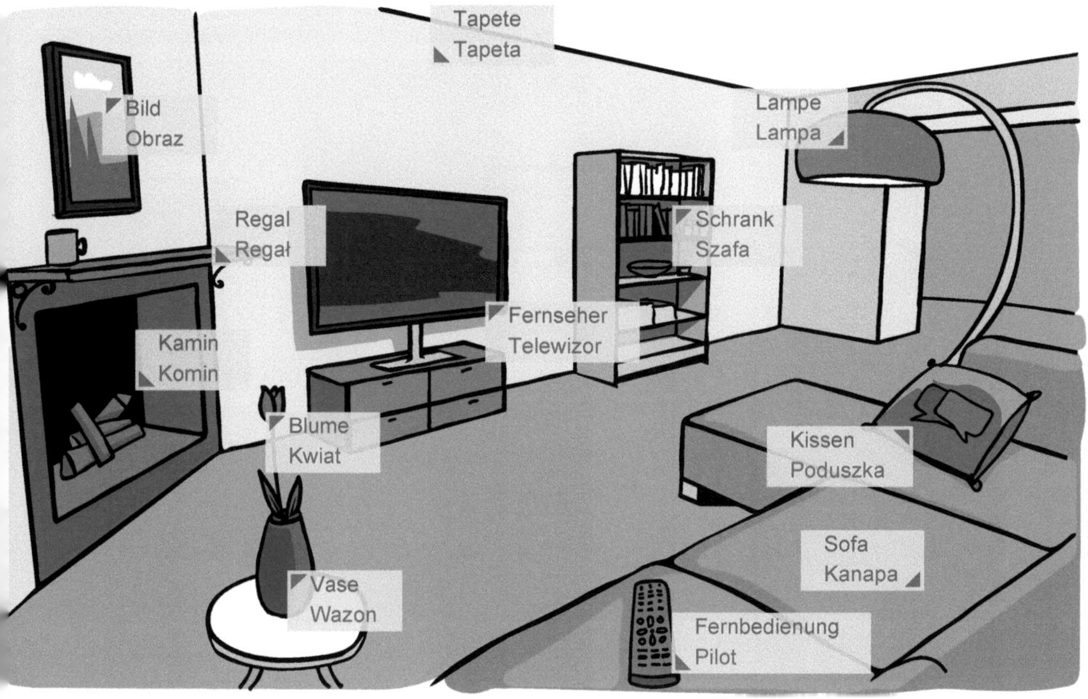

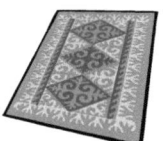

Teppich

Dywan

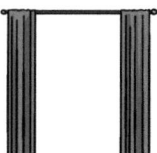

Vorhang

Zasłona

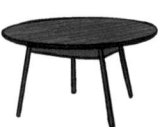

Tisch

Stół

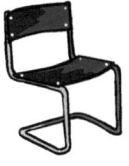

Stuhl

Krzesło

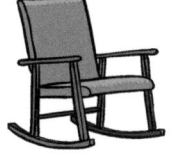

Schaukelstuhl

Bujak

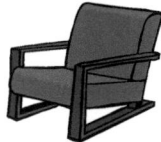

Sessel

Fotel

Buch

Książka

Decke

Sufit

Dekoration

Dekoracja

Feuerholz

Drewno kominkowe

Film

Film

Stereoanlage

Instalacja stereo

Schlüssel

Klucz

Zeitung

Gazeta

Gemälde

Malunek

Poster

Plakat

Radio

Radio

Notizblock

Notatnik

Staubsauger

Odkurzacz

Kaktus

Kaktus

Kerze

Świeczka

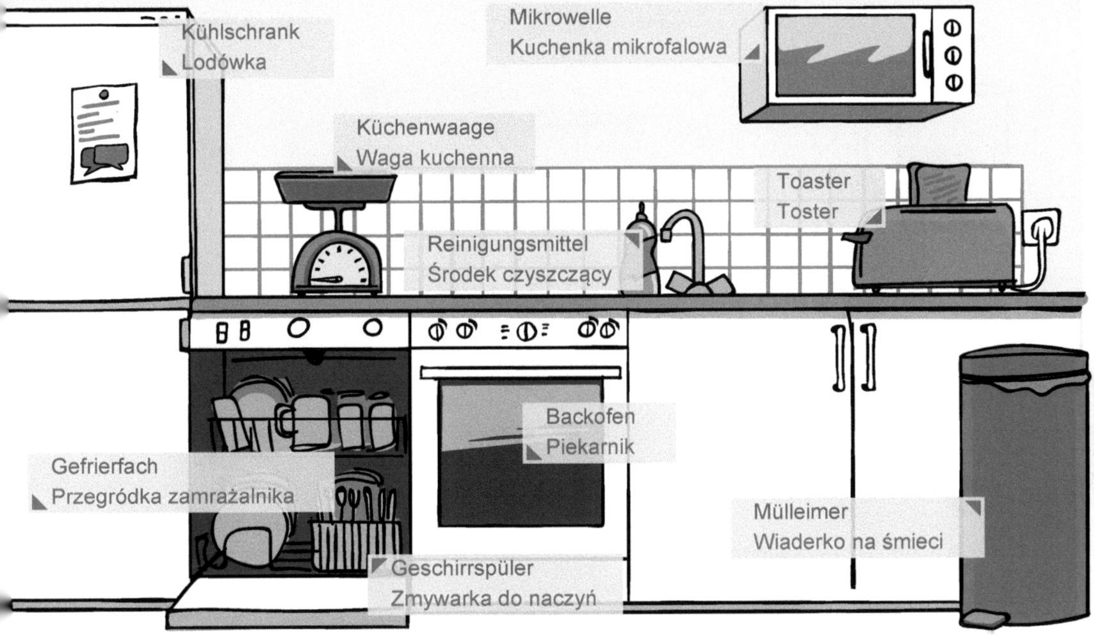

Kühlschrank
Lodówka

Mikrowelle
Kuchenka mikrofalowa

Küchenwaage
Waga kuchenna

Toaster
Toster

Reinigungsmittel
Środek czyszczący

Backofen
Piekarnik

Gefrierfach
Przegródka zamrażalnika

Mülleimer
Wiaderko na śmieci

Geschirrspüler
Zmywarka do naczyń

Herd

Kuchenka

Topf

Garnek

Eisentopf

Kocioł żeliwny

Wok / Kadai

Wok / Kadai

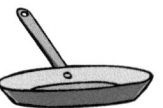

Pfanne

Patelnia

Wasserkocher

Czajnik

Dampfgarer

Parowar

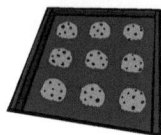

Backblech

Blacha do pieczenia

Geschirr

Naczynia kuchenne

Becher

Kubek

Schale

Miska

Essstäbchen

Pałeczki

Suppenkelle

Nabierka

Pfannenwender

Łopatka do smażenia

Schneebesen

Trzepaczka do śmietany

Kochsieb

Cedzak

Sieb

Sitko

Reibe

Tarka

Mörser

Moździerz

Grill

Grillowanie

Feuerstelle

Palenisko

Schneidebrett

Deska

Nudelholz

Wałek do ciasta

Korkenzieher

Korkociąg

Dose

Puszka

Dosenöffner

Otwieracz do puszek

Topflappen

Ściereczka do trzymania garnka

Waschbecken

Umywalka

Bürste

Szczotka

Schwamm

Gąbka

Mixer

Mikser

Gefriertruhe

Zamrażarka

Babyflasche

Butelka dla niemowlęcia

Wasserhahn

Kran

Badezimmer
Łazienka

Heizung
Ogrzewanie
Handtuch
Ręcznik
Dusche
Prysznic
Duschvorhang
Kotara prysznicowa
Schaumbad
Płyn do kąpieli
Badewanne
Wanna kąpielowa
Glas
Szklanka
Waschmaschine
Pralka
Wasserhahn
Kran
Fliesen
Kafelki
Töpfchen
Nocnik
Waschbecken
Umywalka

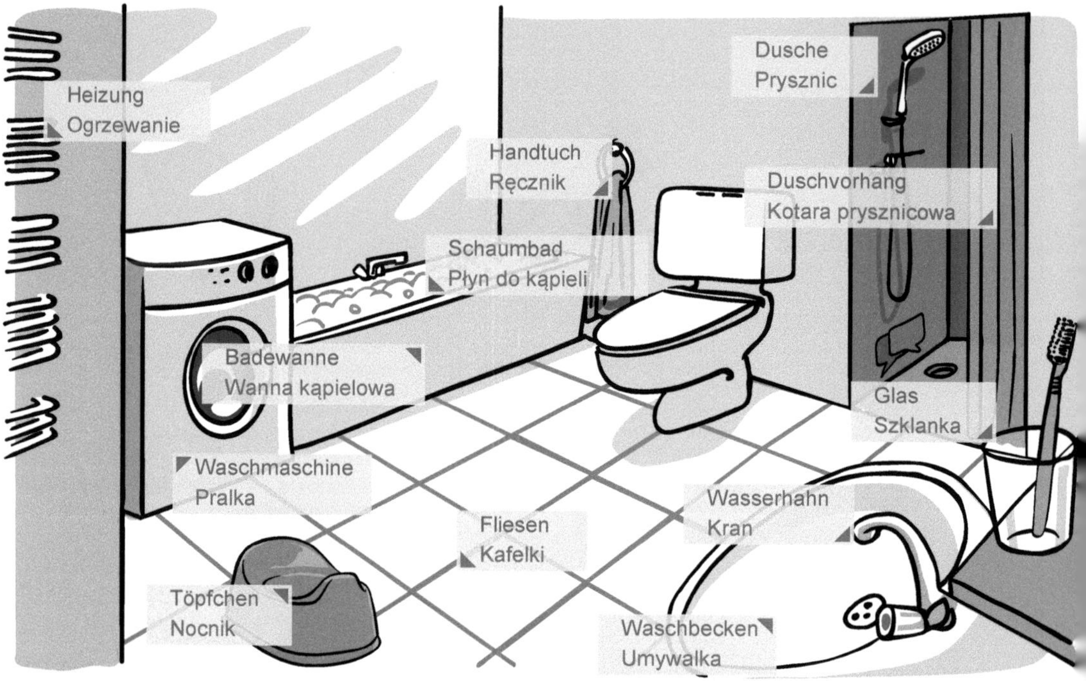

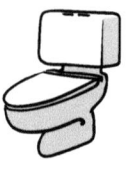

Toilette

Toaleta

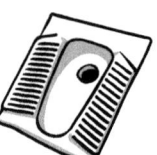

Hocktoilette

Toaleta kuczna

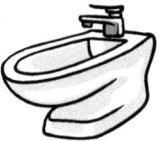

Bidet

Bidet

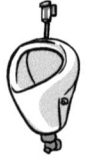

Pissoir

Pisuar

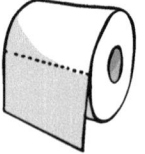

Toilettenpapier

Papier toaletowy

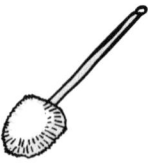

Toilettenbürste

Szczotka toaletowa

Zahnbürste

Szczoteczka do zębów

Zahnpasta

Pasta do zębów

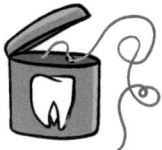

Zahnseide

Nitki do czyszczenia zębów

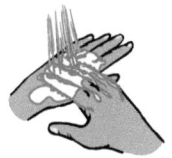

waschen

myć

Handbrause

Głowica prysznicowa

Intimdusche

Płyn kąpielowy do higieny intymnej

Waschschüssel

Miska do mycia

Rückenbürste

Szczotka kąpielowa

Seife

Mydło

Duschgel

Żel prysznicowy

Shampoo

Szampon

Waschlappen

Rękawica kąpielowa

Abfluss

Odpływ

Creme

Krem

Deodorant

Dezodorant

Spiegel

Lustro

Kosmetikspiegel

Lustro kosmetyczne

Rasierer

Golarka

Rasierschaum

Pianka do golenia

Rasierwasser

Woda po goleniu

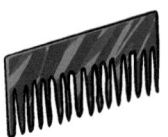

Kamm

Grzebień

Bürste

Szczotka

Föhn

Suszarka do włosów

Haarspray

Spray do włosów

Makeup

Makijaż

Lippenstift

Pomadka

Nagellack

Lakier do paznokci

Watte

Wata

Nagelschere

Nożyczki do paznokci

Parfum

Perfum

Kulturbeutel

Kosmetyczka

Hocker

Taboret

Waage

Waga

Bademantel

Szlafrok kąpielowy

Gummihandschuhe

Rękawice gumowe

Tampon

Tampon

Damenbinde

Podpaska damska

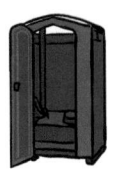

Chemietoilette

Toaleta chemiczna

Kinderzimmer
Pokój dziecięcy

Wecker
Budzik
Kuscheltier
Pluszowa przytulanka
Spielzeugauto
Samochodzik
Rassel
Grzechotka
Puppenhaus
Domek dla lalek
Geschenk
Prezent

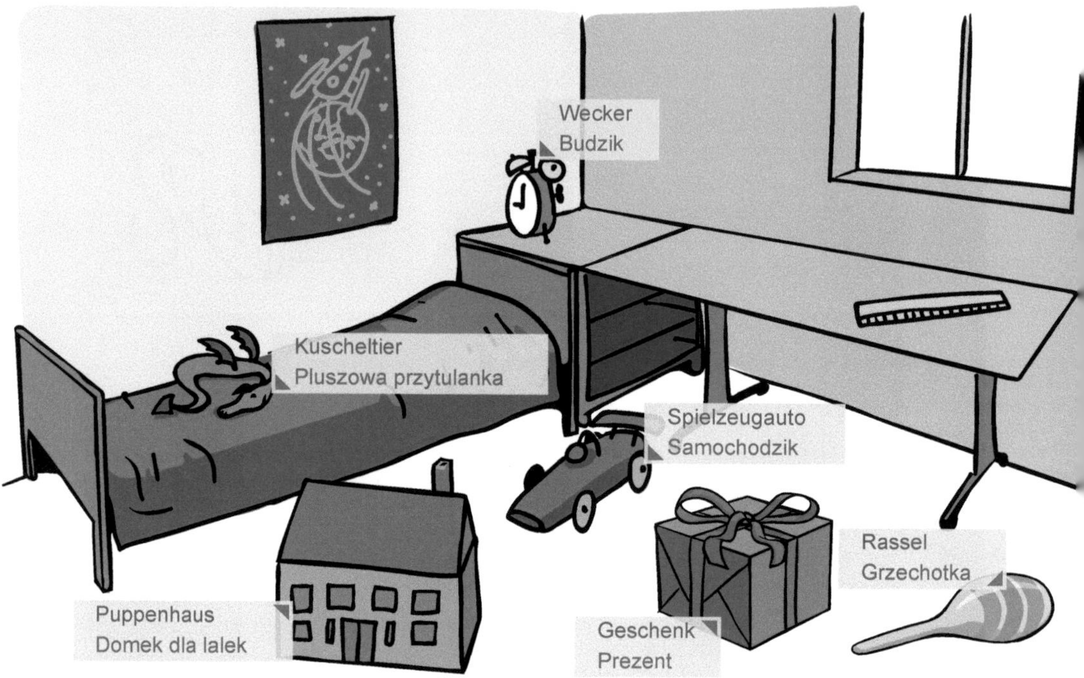

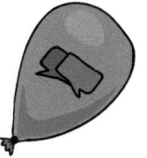

Ballon
Balon

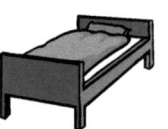

Bett
Łóżko

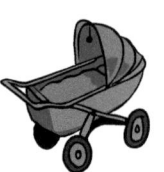

Kinderwagen
Wózek dziecięcy

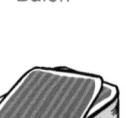

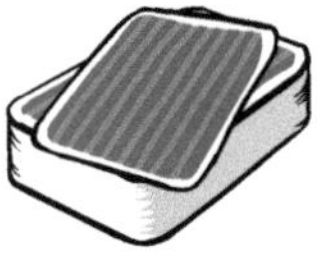

Kartenspiel
Gra w karty

Puzzle
Puzzle

SUPER
MEGA

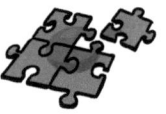

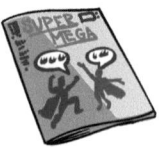

Comic
Komiks

Legosteine

Klocki lego

Bausteine

Klocki

Action Figur

Action figura

Strampelanzug

Śpioszek dziecięcy

Frisbee

Frisbee

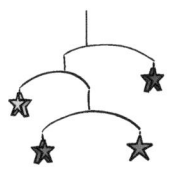

Mobile

Zabawki ruchome

Brettspiel

Gra planszowa

Würfel

Kości

Modelleisenbahn

Kolejka elektryczna

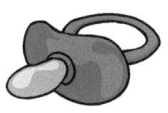

Schnuller

Smoczek

Party

Przyjęcie

Bilderbuch

Książka z ilustracjami

Ball

Piłka

Puppe

Lalka

spielen

bawić się

Sandkasten
Piaskownica

Schaukel
Huśtawka

Spielzeug
Zabawki

Spielkonsole
Konsola do gier

Dreirad
Rowerek trójkołowy

Teddy
Pluszowy miś

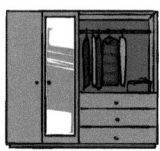

Kleiderschrank
Szafa ubraniowa

Kleidung
Ubiór

Socken
Skarpety

Strümpfe
Pończochy

Strumpfhose
Rajstopy

Schal
Szal

Regenschirm
Parasol

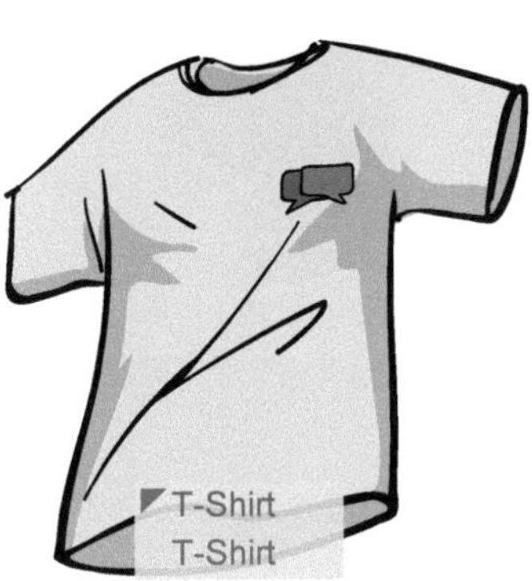

T-Shirt
T-Shirt

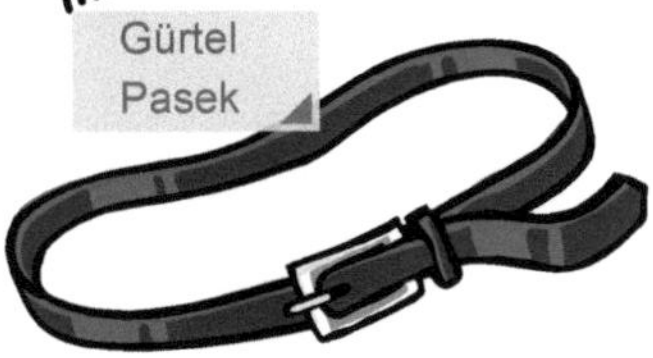

Gürtel
Pasek

Stiefel
Kozaki

Hausschuhe
Pantofle domowe

Turnschuhe
Obuwie sportowe

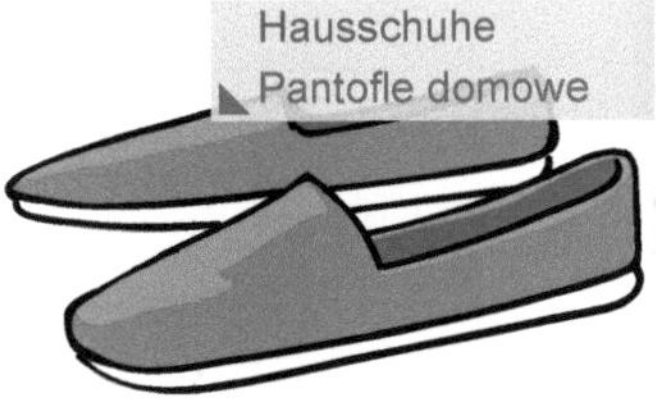

Sandalen
·················
Sandały

Schuhe
·················
Buty

Gummistiefel
·················
Kalosze

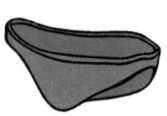

Unterhose
·················
Majtki

Büstenhalter
·················
Biustonosz

Unterhemd
·················
Podkoszulek

Kleidung - Ubiór

Body

Body

Hose

Spodnie

Jeans

Dżins

Rock

Spódnica

Bluse

Bluzka

Hemd

Koszula

Pullover

Pulower

Kapuzenpullover

Bluza sportowa

Blazer

Marynarka

Jacke

Kurtka

Mantel

Płaszcz

Regenmantel

Płaszcz przeciwdeszczowy

Kostüm

Kostium

Kleid

Sukienka

Hochzeitskleid

Suknia ślubna

Anzug

Garnitur męski

Nachthemd

Koszula nocna

Schlafanzug

Piżama

Sari

Sari

Kopftuch

Chusta na głowę

Turban

Turban

Burka

Burka

Kaftan

Kaftan

Abaya

Abaya

Badeanzug

Strój kąpielowy

Badehose

Kąpielówki

Kurze Hose

Krótkie spodnie

Trainingsanzug

Dres sportowy

Schürze

Fartuch

Handschuhe

Rękawiczki

Knopf
Guzik

Brille
Okulary

Armband
Bransoletka

Halskette
Łańcuszek

Ring
Pierścionek

Ohrring
Kolczyk

Mütze
Czapka

Kleiderbügel
Wieszak

Hut
Kapelusz

Krawatte
Krawat

Reißverschluss
Zamek błyskawiczny

Helm
Kask

Hosenträger
Szelki

Schuluniform
Mundurek szkolny

Uniform
Mundur

Lätzchen
....
Śliniaczek

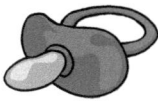

Schnuller
....
Smoczek

Windel
....
Pieluszka

Büro
Biuro

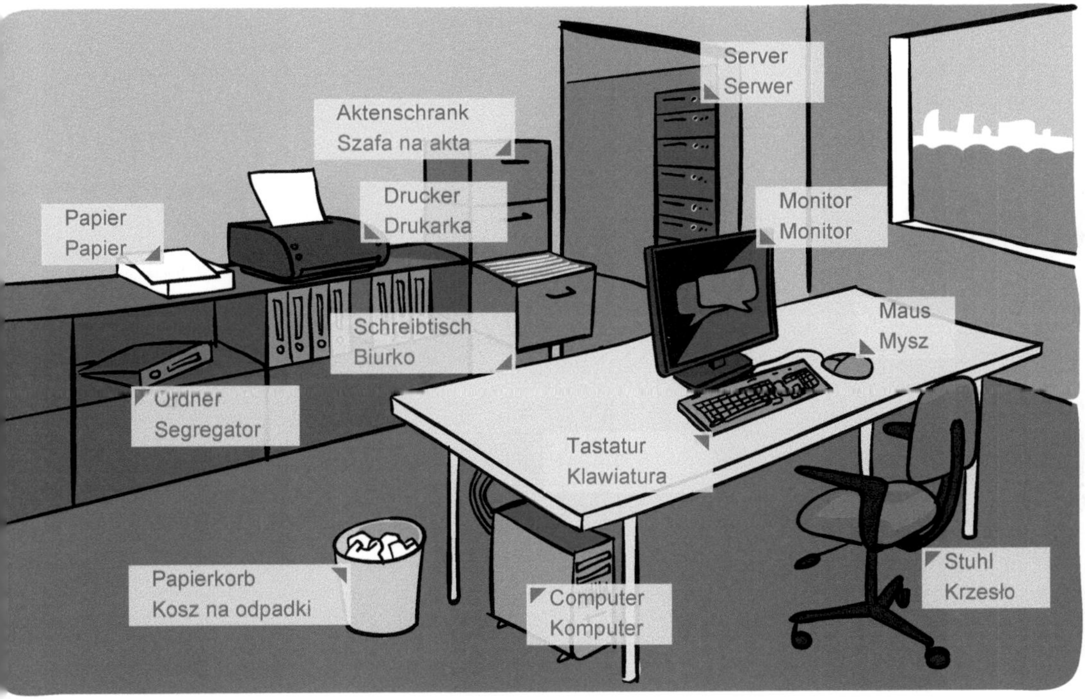

Server
Serwer

Aktenschrank
Szafa na akta

Drucker
Drukarka

Monitor
Monitor

Papier
Papier

Schreibtisch
Biurko

Maus
Mysz

Ordner
Segregator

Tastatur
Klawiatura

Papierkorb
Kosz na odpadki

Stuhl
Krzesło

Computer
Komputer

Kaffeebecher
....
Filiżanka do kawy

Taschenrechner
....
Kalkulator

Internet
....
Internet

Laptop

Laptop

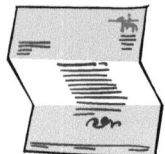

Brief

List

Nachricht

Wiadomość

Handy

Komórka

Netzwerk

Sieć

Kopierer

Kopiarka

Software

Oprogramowanie

Telefon

Telefon

Steckdose

Gniazdko

Fax

Faks

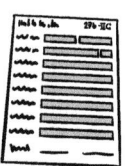

Formular

Formularz

Dokument

Dokument

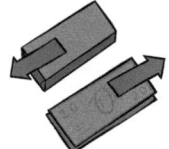

kaufen

kupić

bezahlen

płacić

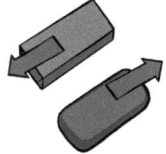

handeln

postępować

Geld

Pieniądze

Dollar

Dolar

Euro

Euro

Yen

Jen

Rubel

Rubel

Franken

Frank

Renminbi Yuan

Juan Renminbi

Rupie

Rupia

Geldautomat

Bankomat

Wechselstube

Kantor wymiany walut

Gold

Złoto

Silber

Srebro

Öl

Olej

Energie

Energia

Preis

Cena

Vertrag

Umowa

Steuer

Podatek

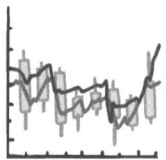

Aktie

Akcja

arbeiten

pracować

Angestellter

Pracownik umysłowy

Arbeitgeber

Pracodawca

Fabrik

Fabryka

Geschäft

Sklep

Berufe
Zawody

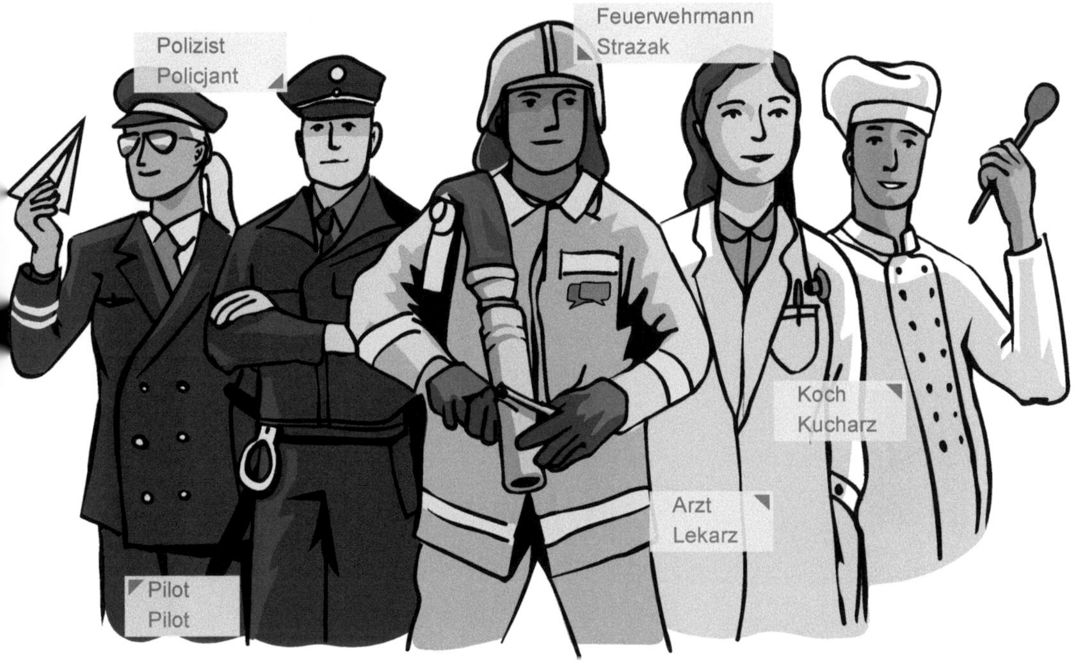
Feuerwehrmann
Strażak
Polizist
Policjant
Koch
Kucharz
Arzt
Lekarz
Pilot
Pilot

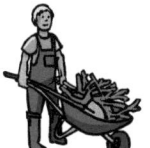

Gärtner

Ogrodnik

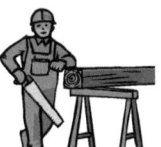

Tischler

Stolarz

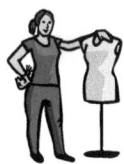

Näherin

Krawcowa

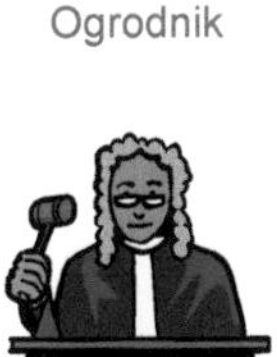

Richter

Sędzia

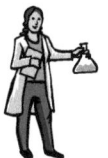

Chemiker

Chemik

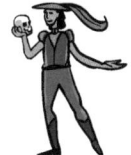

Schauspieler

Aktor

Busfahrer

Kierowca autobusu

Taxifahrer

Taksówkarz

Fischer

Fischer

Putzfrau

Sprzątaczka

Dachdecker

Dekarz

Kellner

Kelner

Jäger

Myśliwy

Maler

Malarz

Bäcker

Piekarz

Elektriker

Elektryk

Bauarbeiter

Robotnik budowlany

Ingenieur

Inżynier

Schlachter

Rzeźnik

Klempner

Instalator

Postbote

Listonosz

Soldat

Żołnierz

Architekt

Architekt

Kassierer

Kasjer

Florist

Florysta

Friseur

Fryzjer

Schaffner

Konduktor

Mechaniker

Mechanik

Kapitän

Kapitan

Zahnarzt

Dentysta

Wissenschaftler

Naukowiec

Rabbi

Rabin

Imam

Imam

Mönch

Mnich

Geistlicher

Proboszcz

Werkzeuge
Narzędzia

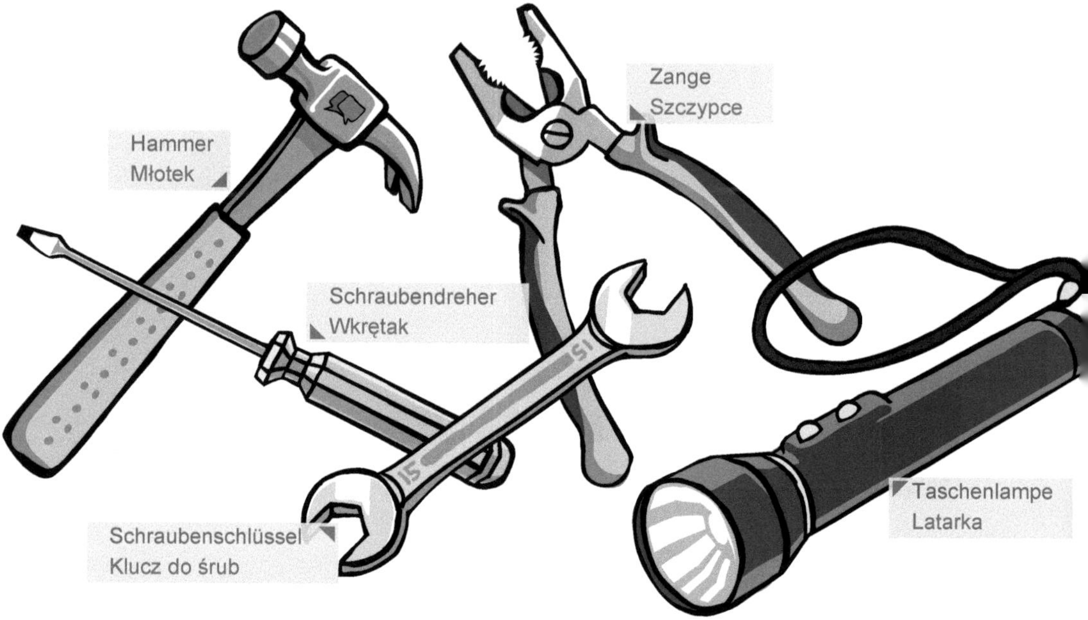
Hammer
Młotek
Zange
Szczypce
Schraubendreher
Wkrętak
Schraubenschlüssel
Klucz do śrub
Taschenlampe
Latarka

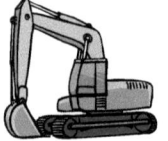

Bagger

Koparka

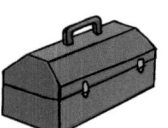

Werkzeugkasten

Skrzynka narzędziowa

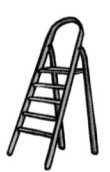

Leiter

Drabina

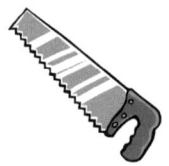

Säge

Piła

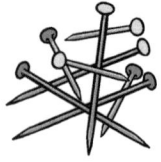

Nägel

Gwoździe

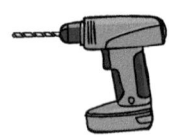

Bohrer

Wiertło

reparieren

naprawić

Schaufel

Łopatka

Mist!

Cholera!

Kehrblech

Szufelka

Farbtopf

Puszka z farbą

Schrauben

Śruby

Musikinstrumente
Instrumenty muzyczne

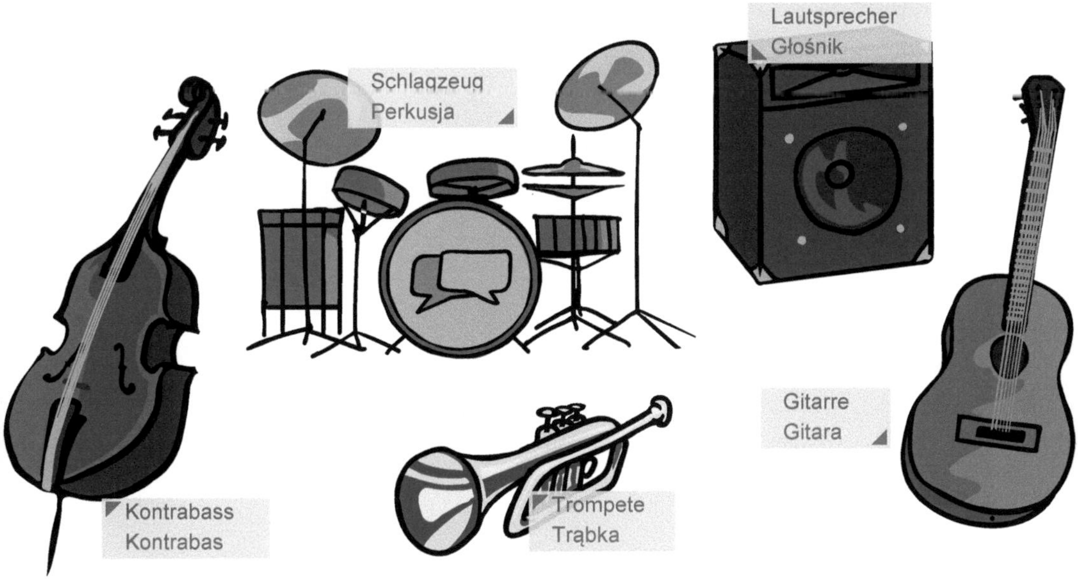

Schlaqzeuq
Perkusja

Lautsprecher
Głośnik

Gitarre
Gitara

Kontrabass
Kontrabas

Trompete
Trąbka

Klavier

Pianino

Violine

Skrzypce

Bass

Bas

Pauke

Kotły

Trommeln

Bęben

Keyboard

Keyboard

Saxophon

Saksofon

Flöte

Flet

Mikrofon

Mikrofon

Zoo

Zoo

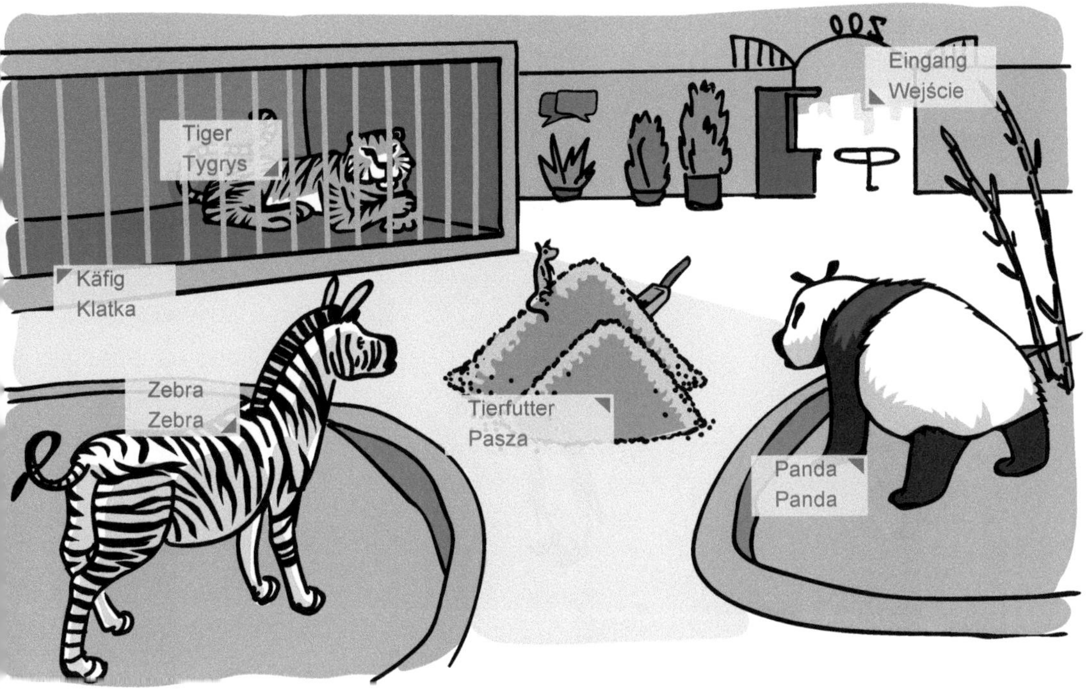
Tiger
Tygrys
Käfig
Klatka
Zebra
Zebra
Tierfutter
Pasza
Panda
Panda
Eingang
Wejście

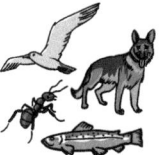

Tiere
Zwierzęta

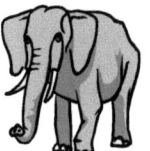

Elefant
Słoń

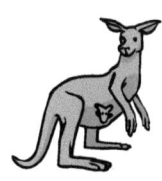

Känguru
Kangur

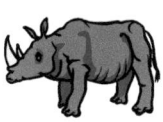

Nashorn
Nosorożec

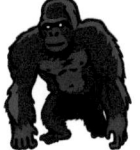

Gorilla
Goryl

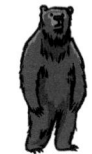

Bär
Niedźwiedź

Kamel

Wielbłąd

Strauß

Struś

Löwe

Lew

Affe

Małpa

Flamingo

Fleming

Papagei

Papuga

Eisbär

Niedźwiedź polarny

Pinguin

Pingwin

Hai

Rekin

Pfau

Paw

Schlange

Wąż

Krokodil

Krokodyl

Zoowärter

Dozorca w zoo

Robbe

Foka

Jaguar

Jaguar

Pony
Kucyk

Leopard
Gepard

Nilpferd
Hipopotam

Giraffe
Żyrafa

Adler
Orzeł

Wildschwein
Dzik

Fisch
Ryba

Schildkröte
Żółw

Walross
Mors

Fuchs
Lis

Gazelle
Gazela

American Football
Futbol amerykański

Radfahren
Kolarstwo

Tennis
Tenis

Basketball
Koszykówka

Schwimmen
Pływanie

Boxen
Boks

Eishockey
Hokej na lodzie

Fußball

Piłka nożna

Badminton

Badminton

Leichtathletik

Lekka atletyka

Handball

Piłka ręczna

Skilaufen

Narciarstwo

Polo

Polo

Aktivitäten
Działania

lachen
śmiać się
springen
skakać
umarmen
objąć
gehen
iść
singen
śpiewać
träumen
marzyć
beten
modlić się
küssen
całować

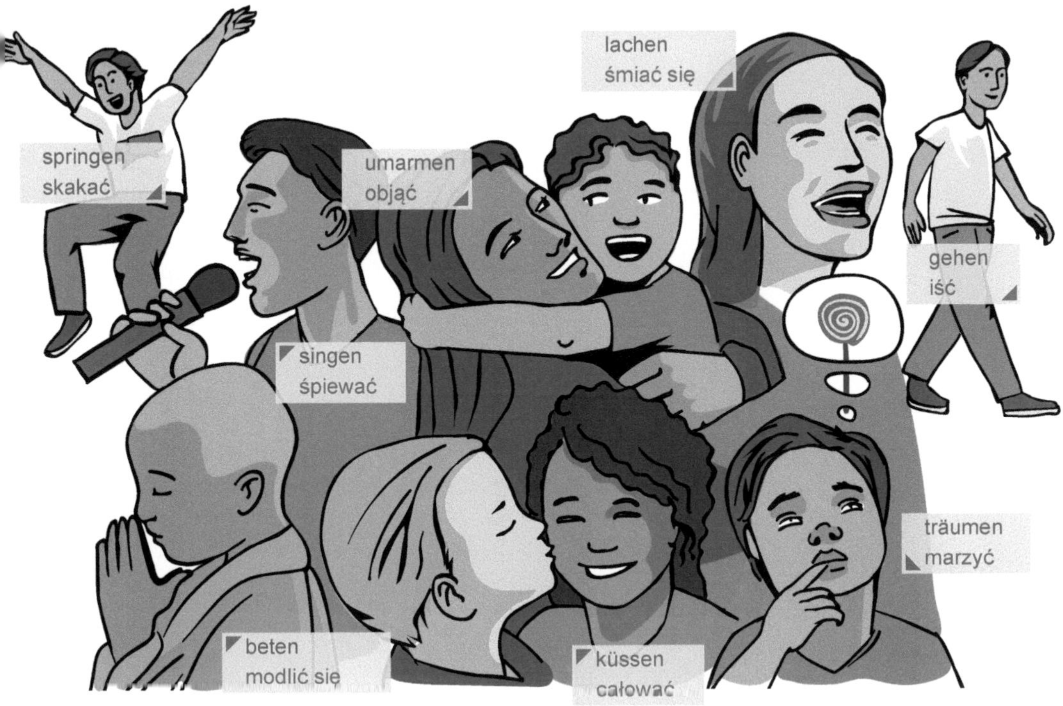

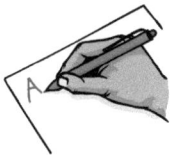

schreiben
pisać

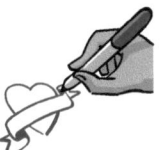

zeichnen
rysować

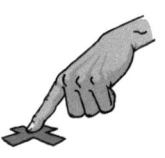

zeigen
pokazywać

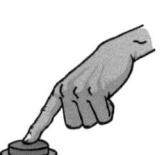

drücken
nacisnąć

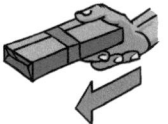

geben
dać

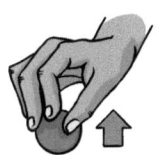

nehmen
wziąć

haben
mieć

tun
robić

sein
być

stehen
stać

laufen
biegać

ziehen
ciągnąć

werfen
rzucać

fallen
spaść

liegen
leżeć

warten
czekać

tragen
nosić

sitzen
siedzieć

anziehen
zakładać

schlafen
spać

aufwachen
budzić się

ansehen
spojrzeć

weinen
płakać

streicheln
głaskać

kämmen
czesać się

reden
mówić

verstehen
rozumieć

fragen
pytać

hören
słyszeć

trinken
pić

essen
jeść

aufräumen
sprzątać

lieben
kochać

kochen
gotować

fahren
jechać

fliegen
latać

segeln
żeglować

rechnen
liczyć

lesen
czytać

lernen
uczyć się

arbeiten
pracować

heiraten
wejść w związek małżeński

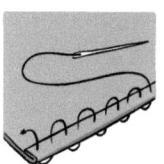

nähen
szyć

Zähne putzen
myć zęby

töten
zabić

rauchen
palić tytoń

senden
wysłać

Familie
Rodzina

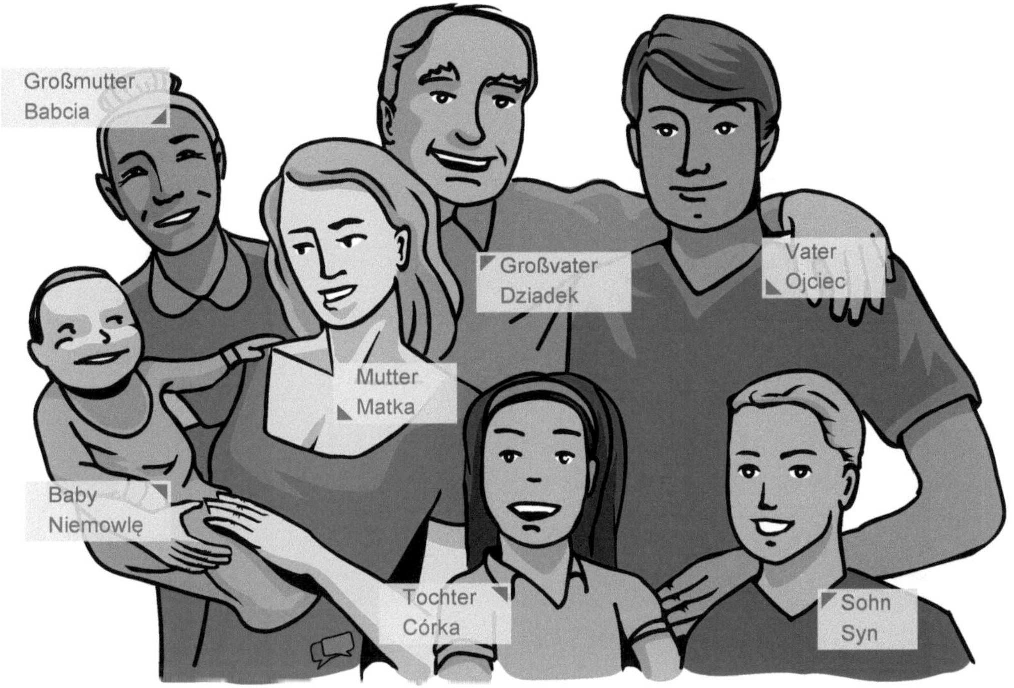
Großmutter
Babcia
Großvater
Dziadek
Vater
Ojciec
Mutter
Matka
Baby
Niemowlę
Tochter
Córka
Sohn
Syn

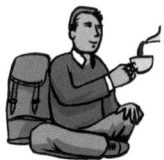

Gast
Gość

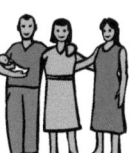

Tante
Ciotka

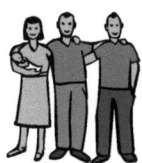

Onkel
Wujek

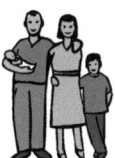

Bruder
Brat

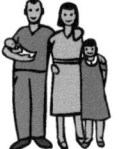

Schwester
Siostra

Körper

Ciało

Stirn
Czoło
Auge
Oko
Schulter
Ramię
Finger
Palec
Gesicht
Twarz
Kinn
Broda
Hand
Ręka
Bein
Noga
Brust
Pierś
Arm
Ramię

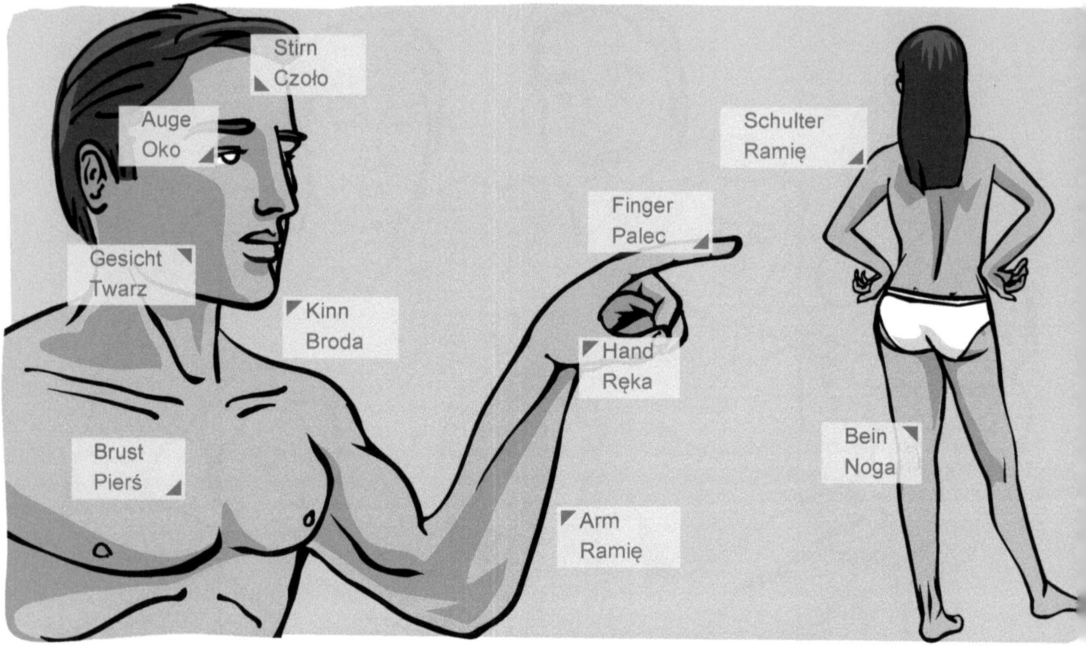

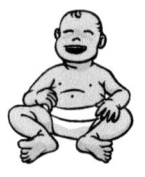

Baby
Niemowlę

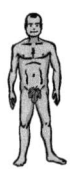

Mann
Mężczyzna

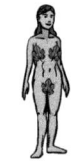

Frau
Kobieta

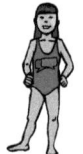

Mädchen
Dziewczyna

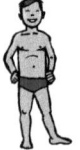

Junge
Chłopiec

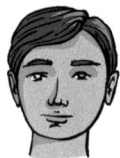

Kopf
Głowa

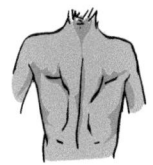

Rücken
Plecy

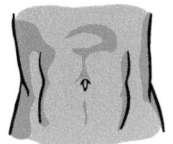

Bauch
Brzuch

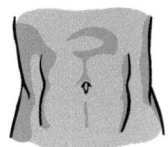

Nabel
Pępek

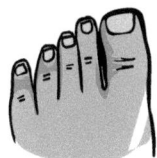

Zeh
palec nogi

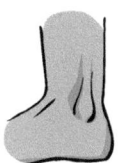

Ferse
Pięta

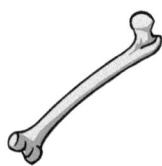

Knochen
Kość

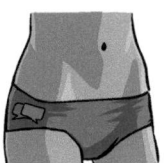

Hüfte
Biodro

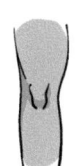

Knie
Kolano

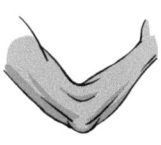

Ellenbogen
Łokieć

Nase
Nos

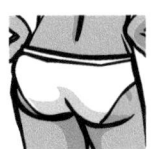

Gesäß
Pośladki

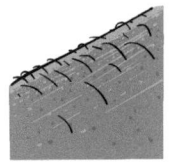

Haut
Skóra

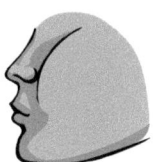

Wange
Policzek

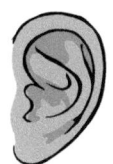

Ohr
Uszy

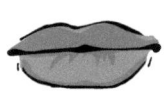

Lippe
Warga

Mund

Usta

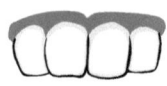

Zahn

Ząb

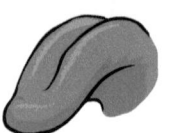

Zunge

Język

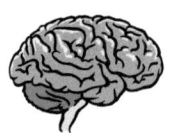

Gehirn

Mózg

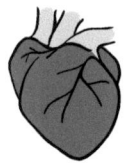

Herz

Serce

Muskel

Mięsień

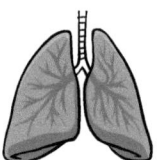

Lunge

Płuca

Leber

Wątroba

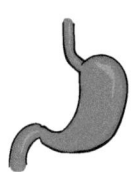

Magen

Żołądek

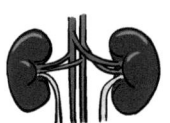

Nieren

Nerki

Geschlechtsverkehr

Stosunek płciowy

Kondom

Kondom

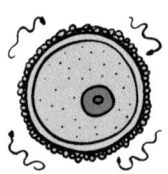

Eizelle

Komórka jajowa

Sperma

Sperma

Schwangerschaft

Ciąża

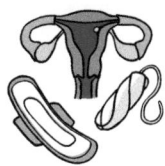

Menstruation

Menstruacja

Vagina

Wagina

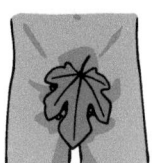

Penis

Penis

Augenbraue

Brew

Haar

Włosy

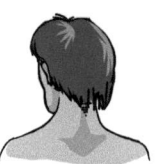

Hals

Szyja

Krankenhaus
Szpital

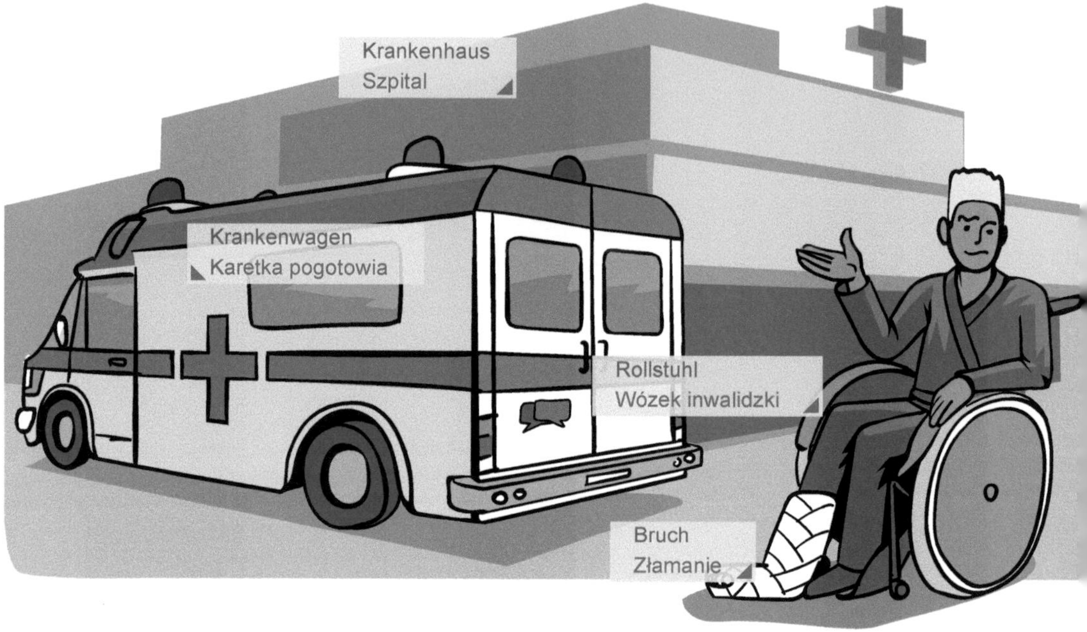

Krankenhaus
Szpital
Krankenwagen
Karetka pogotowia
Rollstuhl
Wózek inwalidzki
Bruch
Złamanie

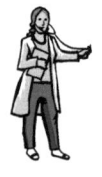

Arzt

Lekarz

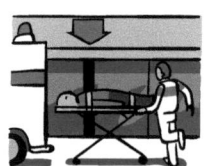

Notaufnahme

Izba przyjęć

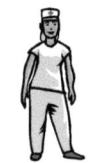

Krankenschwester

Pielęgniarka

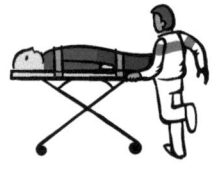

Notfall

Nagły przypadek

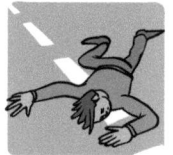

ohnmächtig

nieprzytomny

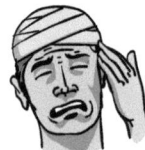

Schmerz

Ból

	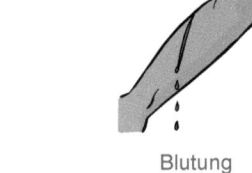	
Verletzung	Blutung	Herzinfarkt
Skaleczenie	Krwawienie	Zawał serca

Schlaganfall	Allergie	Husten
Udar mózgu	Alergia	Kaszleć

Fieber	Grippe	Durchfall
Gorączka	Grypa	Biegunka
	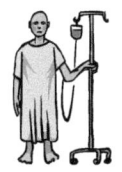	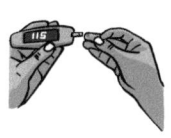
Kopfschmerzen	Krebs	Diabetis
Ból głowy	Rak	Cukrzyca

Chirurg	Skalpell	Operation
Chirurg	Skalpel	Operacja

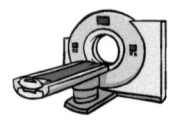

CT
CT

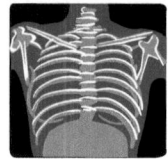

Röntgen
Rentgen

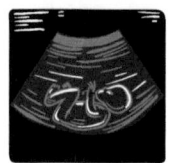

Ultraschall
Ultradźwięki

Maske
Maska

Krankheit
Choroba

Wartezimmer
Poczekalnia

Krücke
Kula

Pflaster
Plaster

Verband
Opatrunek

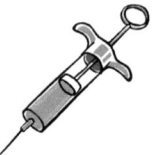

Injektion
Iniekcja

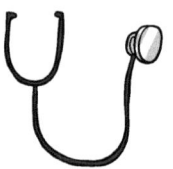

Stethoskop
Stetoskop

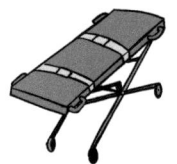

Trage
Nosze

Thermometer
Termometr

Geburt
Poród

Übergewicht
Nadwaga

Hörgerät

Aparat słuchowy

Desinfektionsmittel

Środek dezynfekcyjny

Infektion

Infekcja

Virus

Wirus

HIV / AIDS

HIV / AIDS

Medizin

Medycyna

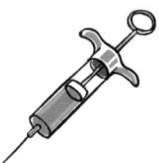

Impfung

Szczepienie

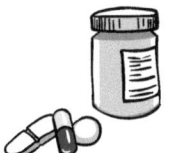

Tabletten

Tabletki

Pille

Pigułka

Notruf

Telefon ratunkowy

Blutdruck-Messgerät

Ciśnieniomierz krwi

krank / gesund

chory / zdrowy

Hilfe!

Pomocy!

Alarm

Alarm

Überfall

Napad

Angriff

Atak

Gefahr

Niebezpieczeństwo

Notausgang

Wyjście awaryjne

Feuer!

Pożar!

Feuerlöscher

Gaśnica

Unfall

Wypadek

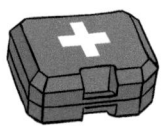

Erste-Hilfe-Koffer

Walizeczka pierwszej pomocy

SOS

SOS

Polizei

Policja

Europa

Europa

Nordamerika

Ameryka Północna

Südamerika

Ameryka Południowa

Afrika

Afryka

Asien

Azja

Australien

Australia

Atlantik

Atlantyk

Pazifik

Pacyfik

Indischer Ozean

Ocean Indyjski

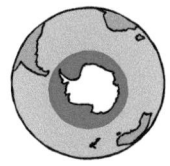

Antarktischer Ozean

Ocean Antarktyczny

Arktischer Ozean

Ocean Arktyczny

Nordpol

Biegun północny

Südpol

Biegun południowy

Antarktis

Antarktyda

Erde

Ziemia

Land

Kraj

Meer

Morze

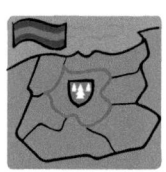

Insel

Wyspa

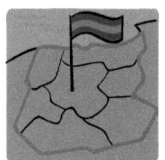

Nation

Naród

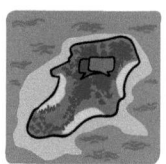

Staat

Państwo

Zifferblatt

Cyferblat

Stundenzeiger

Wskazówka godzinowa

Minutenzeiger

Wskazówka minutowa

Sekundenzeiger

Wskazówka sekundowa

Wie spät ist es?

Która godzina?

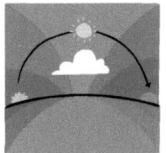

Tag

Dzień

Zeit

Czas

jetzt

teraz

Digitaluhr

Zegarek digitalny

Minute

Minuta

Stunde

Godzina

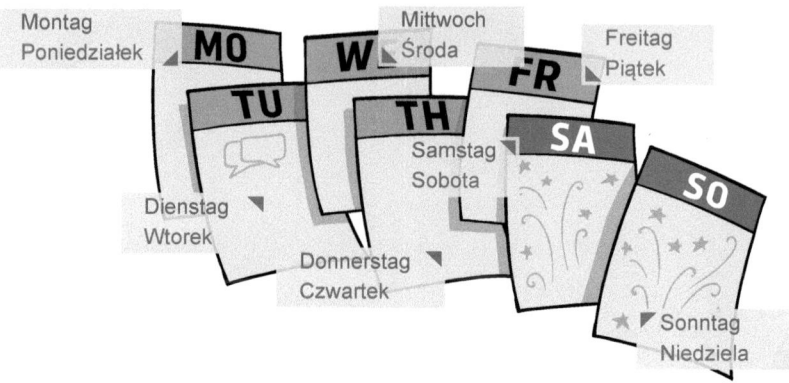

Montag
Poniedziałek

Mittwoch
Środa

Freitag
Piątek

Dienstag
Wtorek

Samstag
Sobota

Donnerstag
Czwartek

Sonntag
Niedziela

gestern

wczoraj

heute

dzisiaj

morgen

jutro

Morgen

Rano

Mittag

Południe

Abend

Wieczór

MO	TU	WE	TH	FR	SA	SU
1	2	3	4	5	6	7
8	9	10	11	12	13	14
15	16	17	18	19	20	21
22	23	24	25	26	27	28
29	30	31	1	2	3	4

Arbeitstage

Dni robocze

MO	TU	WE	TH	FR	SA	SU
1	2	3	4	5	6	7
8	9	10	11	12	13	14
15	16	17	18	19	20	21
22	23	24	25	26	27	28
29	30	31	1	2	3	4

Wochenende

Weekend

Jahr
Rok

Regen
Deszcz
Regenbogen
Tęcza
Wind
Wiatr
Schnee
Śnieg
Frühling
Wiosna
Herbst
Jesień
Sommer
Lato
Winter
Zima

4.APRIL 11°
5.APRIL 4°
6.APRIL 13°
7.APRIL 8°
8.APRIL 10°

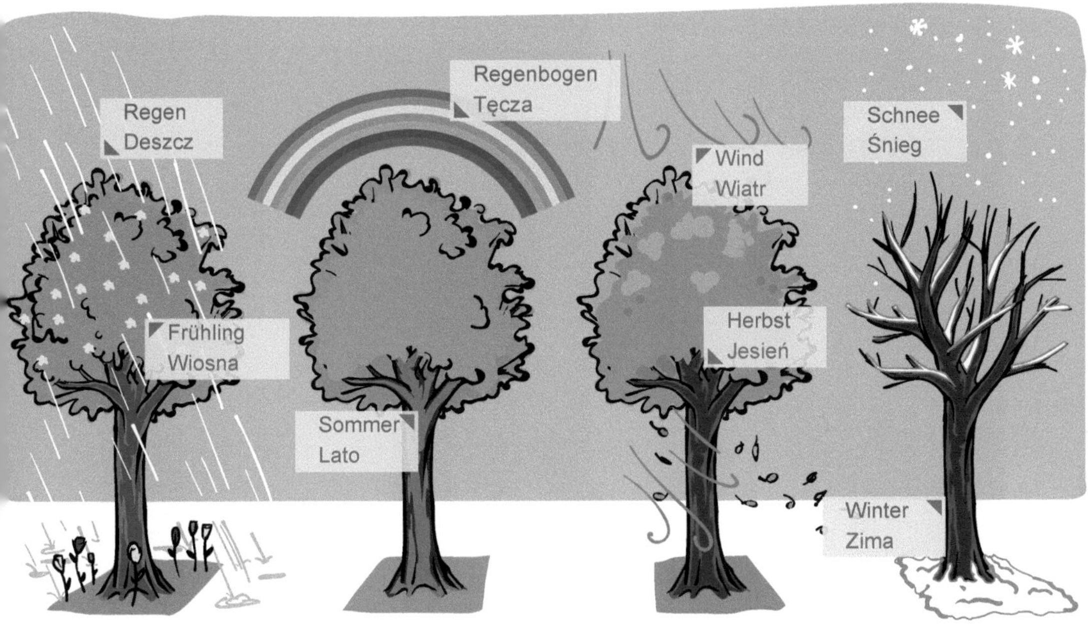

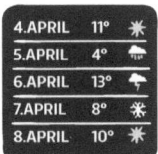

Wettervorhersage

Prognoza pogody

F C
120 40
90 30
60 20
30 10
0 0
-30 -10
-20

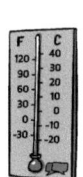

Thermometer

Termometr

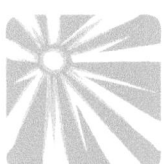

Sonnenschein

Światło słoneczne

Wolke

Chmura

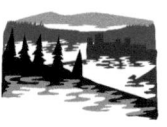

Nebel

Mgła

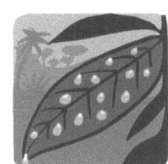

Luftfeuchtigkeit

Wilgotność powietrza

Blitz

Błyskawica

Donner

Grzmot

Sturm

Sztorm

Hagel

Grad

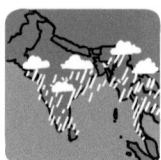

Monsun

Monsun

Flut

Potop

Eis

Lód

Januar

Styczeń

Februar

Luty

März

Marzec

April

Kwiecień

Mai

Maj

Juni

Czerwiec

Juli

Lipiec

August

Sierpień

September
Wrzesień

Oktober
Październik

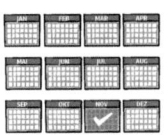

November
Listopad

Dezember
Grudzień

Formen
Kształty

Kreis
Koło

Quadrat
Kwadrat

Rechteck
Prostokąt

Dreieck
Trójkąt

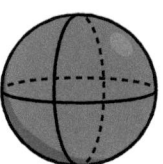

Kugel
Kula

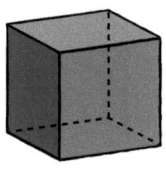

Würfel
Sześcian

Farben
Kolory

weiß
....
biały

gelb
....
żółty

orange
....
pomarańczowy

pink
....
różowy

rot
....
czerwony

lila
....
liliowy

blau
....
niebieski

grün
....
zielony

braun
....
brązowy

grau
....
szary

schwarz
....
czarny

viel / wenig

dużo / mało

wütend / friedlich

wściekły / spokojny

hübsch / hässlich

piękny / brzydki

Anfang / Ende

początek / koniec

groß / klein

duży / mały

hell / dunkel

jasny / ciemny

Bruder / Schwester

brat / siostra

sauber / schmutzig

czysty / brudny

vollständig / unvollständig

kompletny / niekompletny

Tag / Nacht

dzień / noc

tot / lebendig

umarły / żywy

breit / schmal

szeroki / wąski

genießbar / ungenießbar

jadalny / niejadalny

böse / freundlich

zły / uprzejmy

aufgeregt / gelangweilt

podniecony / znudzony

dick / dünn

gruby / chudy

zuerst / zuletzt

najpierw / na końcu

Freund / Feind

przyjaciel / wróg

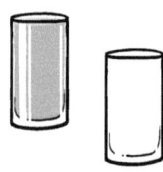

voll / leer

pełen / pusty

hart / weich

twardy / miękki

schwer / leicht

ciężki / lekki

Hunger / Durst

głód / pragnienie

krank / gesund

chory / zdrowy

illegal / legal

nielegalny / legalny

intelligent / dumm

inteligentny / głupi

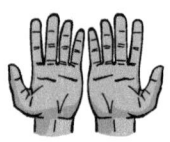

links / rechts

lewo / prawo

nah / fern

bliski / daleki

neu / gebraucht

nowy / używany

nichts / etwas

nic / coś

alt / jung

stary / młody

an / aus

włącz / wyłącz

offen / geschlossen

otwarty / zamknięty

leise / laut

cichy / głośny

reich / arm

bogaty / biedny

richtig / falsch

prawidłowy / błędny

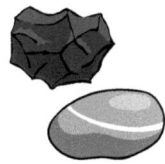

rau / glatt

chropowaty / gładki

traurig / glücklich

smutny / szczęśliwy

kurz / lang

krótki / długi

langsam / schnell

powolny / szybki

nass / trocken

mokry/suchy

warm / kühl

ciepły / chłodny

Krieg / Frieden

wojna / pokój

Zahlen
Liczby

0

null

zero

1

eins

jeden

2

zwei

dwa

3

drei

trzy

4

vier

cztery

5

fünf

pięć

6

sechs

sześć

7

sieben

siedem

8

acht

osiem

9

neun

dziewięć

10

zehn

dziesięć

11

elf

jedenaście

12

zwölf

dwanaście

13

dreizehn

trzynaście

14

vierzehn

czternaście

15

fünfzehn

piętnaście

16

sechzehn

szesnaście

17

siebzehn

siedemnaście

18

achtzehn

osiemnaście

19

neunzehn

dziewiętnaście

20

zwanzig

dwadzieścia

100

hundert

sto

1.000

tausend

tysiąc

1.000.000

million

milion

Englisch

Angielski

Amerikanisches Englisch

Angielski amerykański

Chinesisch Mandarin

Chiński mandaryński

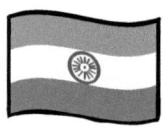

Hindi

Hindi

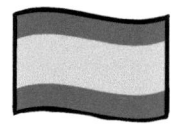

Spanisch

Hiszpański

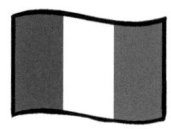

Französisch

Francuski

Arabisch

Arabski

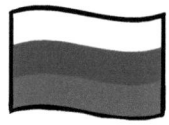

Russisch

Rosyjski

Portugiesisch

Portugalski

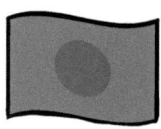

Bengalisch

Bengalski

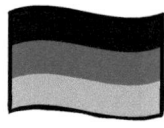

Deutsch

Niemiecki

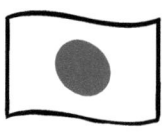

Japanisch

Japoński

ich

ja

du

ty

er / sie / es

on / ona / ono

wir

my

ihr

wy

sie

oni

wer?

kto?

was?

co?

wie?

jak?

wo?

gdzie?

wann?

kiedy?

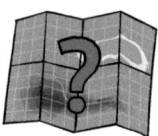

Name

Nazwisko

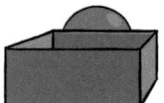

hinter

za

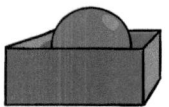

in

w

vor

przed

über

powyżej

auf

na

unter

pod

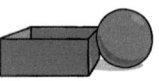

neben

obok

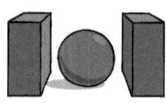

zwischen

między

Ort

Miejsce